人生的智慧

[德] 阿图尔·叔本华__著　　梁 盛__译

天津出版传媒集团
百花文艺出版社　天津人民出版社

图书在版编目（CIP）数据

人生的智慧 /（德）阿图尔·叔本华著；梁盛译
. -- 天津：百花文艺出版社，2018.8
ISBN 978-7-5306-7540-3

Ⅰ. ①人… Ⅱ. ①阿… ②梁… Ⅲ. ①人生哲学—通俗读物 Ⅳ. ① B821-49

中国版本图书馆 CIP数据核字（2018）第 177858号

责任编辑：赵世鑫　　**装帧设计**：力玶

出版人：张纪欣
出版发行：百花文艺出版社
地址：天津市和平区西康路 35号　**邮编**：300051
电话传真：+86-22-23332651（发行部）
+86-22-23332656（总编室）
+86-22-23332478（邮购部）
主页：htpp://www.baihuawenyi.com
印刷：北京竹曦印务有限公司
开本：880×1230毫米　1/32
字数：200千字
印张：10
版次：2018年 8月第 1 版
印次：2018年 8月第 1 次印刷
定价：39.80元

如有印装质量问题，请与北京竹曦印务有限公司联系调换
地址：北京通州区潞城镇西堡村
电话：13601282426
邮编：101117

幸福不是一件容易的事：她很难求之于自身，但要想在别处得到则不可能。

——尚福尔[①]

① 尚福尔（1740—1794）：法国作家、杂文家。以风趣著称，所写的格言在法国大革命期间成为民间流行的俗语。

目　录

第五章　建议和格言

第六章　人生的各个阶段

第一章　基本的划分

建立在三个终极真相之上的幸福

亚里士多德认为，人生的幸福有三个源头——身外之物、人的灵魂和人的身体。我们仍然保留他的三分法，我认为，导致个体间命运轨迹截然不同的根本原因取决于以下三项内容：

1.自身属性：可以概括为“个性”，广义上的“个性”涵盖了人的健康、力量、外貌、气质、道德、智商和潜能。

2.附加属性：即个体所拥有的财产和一切占有物。

3.个体在他人眼中的样子：他人对自己的看法，即人在社会中的形象。这种形象的树立又基于个人已获得的名誉、社会地位和名声。

在自身属性上，人与人之间具有客观性，所以我们认为：这些差别比起后两项的差别对于造成人们的幸福抑或不幸福会产生更加根本和彻底的影响——因为后两项内容的差别只是出自人为的划分。

作为人本身拥有的优势，比如聪明的头脑或者伟大的心，与人后天获得的崇高地位、高贵出身、优厚财富等诸多优势相比，就犹如真正的国王比之于戏剧舞台上假扮的国王一样。伊壁鸠鲁[①]的第一个门徒门采多罗斯就曾在他的著作里为他的一个篇章冠以这样的题目："我们幸福的原因存在于我们的自身内在，而不是自身之外。"的确，我们评判一个人是否幸福，或者评判他整个的生存方式，明显首要的就是这个人自身的内在素质，它直接决定了这个人是否能够发自内心的幸福，因为人内心的快乐和痛苦基本上是人的感情、意欲和思想的产物。而人自身之外的所有事物，都只是间接地影响人的幸福。因此，同样的外在事物和同样的境遇对不同的人会产生不同的影响。可以说，处在同一环境中的人，却生活在不同的世界中。因为与个人直接相关的，是个人对事物的看法、他的情感以及他的意欲活动。

附加属性只有在刺激到上述自身属性时，才会表现出对人的影响。个人对于这个世界的理解，决定了他生活于一个怎样的世界。世界也因个人自身属性而定。因此，个人的世界是贫瘠的、浅薄的和肤浅的，抑或丰富多彩、趣味盎然和充满意义的——这取决于各人的头脑。比如，有人羡慕那些在生活中遇到或者发现富有趣味事物的人们，其实他们更应该羡慕这些人所具有的观察

① 伊壁鸠鲁（公元前 341—公元前 270）：古希腊哲学家。

事物的天赋才对。在后一种人的眼中，他们的世界是意味深长的，而这一点正可归功于他们的思想禀赋。因为同样一件事情，在一个思想丰富的人看来是饶有趣味的事情，而对于一个肤浅、庸俗的人来说，这只不过就是平凡世界里乏味的一幕而已。这种情形在歌德和拜伦创作的、明显取材于真实事件的许多诗篇中都有明显体现。愚笨的读者不去羡慕诗人所具有的伟大的想象力，而只羡慕诗人那些其乐无穷的经历。而正是这种想象力化平淡无奇为深刻优美。同样的一件事，在一个具有忧郁气质的人来看是悲剧的一幕，在一个乐天派的眼里这却是一场有趣的冲突，而一个麻木不仁的人眼中，则把这视为一件无足轻重的事情而已。

上述的所有这一切都指出这样一个事实：我们当下经历的每时每刻，其实是由两个部分构成的：主体和客体——虽然二者联系紧密、缺一不可，就像氧和氢共同构成水一样，但是面对完全一样的客体时，不同的主体就意味着所构成的现实完全不同，反之亦然。由此可知，愚昧、呆板的主体与最美的客体相结合，也只能产生出低劣的现实，等同于在恶劣的天气下观赏美丽风景，又或者以低像素照相机拍摄这些美丽的风景。或者，更直白地讲：正如囿于我们自己的皮囊一样，我们也同样囿于自己的思维。一个人只能直接存在于自己的思维之中。因此，对于囿于自己的思维的个人来说，外在世界对他的帮助其实是不大的。

痛苦面前，人人平等

舞台上的演员不管是扮演仆人、士兵的，还是扮演王侯、将相的。其实这些角色之间的区别只是外在的、表面的，其实质是一样的、不变的。抛开角色的不同，他们都只是可怜、痛苦和充满烦恼的戏子。这与现实生活区别并不大。不同的地位和财富如同戏子的戏服和脸谱，虽然赋予了我们不同的角色，但是各人的内在幸福却并没有因为角色的不同而发生改变。相反，这些人同样是充满痛苦和烦恼的可怜虫；虽然忧虑和烦恼的具体内容因人而异，但它们的本质却大多大同小异；虽然痛苦和忧虑的程度会有差别，但这些差别却与人们的地位、财富的差异并不一致，也就是说和每个人所扮演的角色并不吻合。对于人来说，人的意识或者思维里总是直接存在和发生着人所经历的一切事情。所以，我们认为首要的关键因素是人的意识的构成。在大多数情况下，比呈现在意识中的物象、形态更为重要的是主体意识。任何富有情趣的事物，通过一个愚人呆滞意识的反映后，也会变得枯燥无比。相比之下，塞万提斯的《堂吉诃德》却是在一个简陋牢房里创作而成。我们可以改变的是构成现实的客体部分，它掌握在命运手里；但我们的自身作为主体部分从本质来说却是不可改变的。因此，尽管在生命长河中，外在变化时有发生，但人的内在性格却变化不大，始终如一。这就像一段保持恒定的主旋律搭配着一系列不断变化的变奏曲。自身的内在个性始终围绕着我们每个个体。就像某些动物，他们始终无法摆脱大自然为他们设定的不容更改的局限性，无论你把它们置于什么样的环境中。这同样可以解释如下问题：为什么我们在努力为自己宠爱的动物创造舒适的环境的时候，应该在一定的范围之内进行，这个范围是由动物的本性和意识的局限决定的。人当然也一样，一个人的内在个性决定了他所能得到的属于他的快乐。高层次的快乐，相应的对一个人的精神能力的范围提出了更高的要求。除非一个人的精神能力相对突出，否则所有外在的事物——别人或者运气所能给他带来的一切——都不能让他具备超越自身狭小范围的能力。他自身仅仅局限在领略平庸无奇、享受原始快乐的范围内。只具备低下精神能力的他只能享受感观的直白乐趣、低级的社会交际、庸俗的娱乐消费和百无聊赖的家庭生活。即便是教育——如果教育真的对我们有用处的话——就大体而言，也无法在拓宽我们精神眼界方面给人带来大的助力。

虽然在我们年轻时，我们对于精神思想上的乐趣，即最高级、最丰富以及最恒久的精神乐趣缺乏充足的体会；但是，领略这种高级别的精神乐趣首先是建立在一个人与生俱来的精神思想能力之上的。因此，显而易见我们可以明白我们的幸福在很大程度上取决于我们自身，取决于我们的内在个性。然而，我们并没有看到这样的结论，我们在大多数情况下，仍然只是考虑运气、考虑获得的财产，或者在意我们在他人心目中的样子。其实，运气是可变的，它总会有变好的时候，如果我们内在个性丰富多彩，我们甚至都不会对运气提出太多的要求。即使是身处天堂，美女环绕周身，头脑呆滞、思维固化的人终其一生也会是老样子，一个傻子到死的那天仍是一个傻子。因此歌德说：

大众，不分贵贱，
都总是承认：众生能够得到的最大幸运，
只有自身的个性。

就人的幸福快乐而言，主体比客体重要千万倍，这一点毋庸置疑。举些例子：最好的调味品是饥饿，衰老之人对青春美色再难一见钟情，天才和圣人的生活等。尤其是人的健康问题，它远远超过了一切外在的好处。

一个身患疾病的君主并没有比健康的乞丐幸运。再多的财富，再高的地位，也没有办法代替一副由强健的体魄带来的宁静、愉快的脾性，以及积极、清晰、深沉、能够准确把握事物的理解力，还有温和、有节制的意欲及由此产生的清白良心。一个人在独处时才能深刻体会到的自身个性，是别人所不能随意予夺的内在素质，它的价值远超他占有的财物和他在别人眼中的形象。精神世界丰富的人即使是独处，也能在独处中沉浸在自己的内心世界自得其乐；一个精神世界荒芜的人即使不间断地聚会、看戏、出游消遣都无法摆脱如影随形的无聊。善良、温和、有节制的人即使身处困境，仍然能够保持乐观积极的心态；贪婪、妒忌、卑劣的人即使已经家财万贯，仍然不懂收敛，难以心满意足。当一个人不能通过自己卓越的、与众不同的精神个性享用其所带来的乐趣时，那平凡大众所追求的乐趣对于他来说，大多都是纯属多余的，甚至变为一种烦恼和累赘。因此，贺拉斯[①]在谈论自己时说：

> 象牙、大理石、图画、银盆、雕像、紫衣，
> 很多人视它们为必不可少，
> 但是有的人却不为这些东西烦心。

① 贺拉斯（公元前65—公元前8）：古罗马杰出诗人。

苏格拉底在看到摆卖的奢侈物品时，说道："我不需要的东西可真不少啊！"我们自身的内在个性才是决定我们生活是否幸福的最关键的和最重要的因素，我们的个性在不断变化的外部环境下保持恒久不变。持续发挥着作用；此外，它不同于我列出的后两项好处，后两项好处的保存只能听天由命，但是自身的内在个性却一直保持不变，它不会被剥夺。我们自身内在个性的价值可以说是绝对的，而后两项只是相对的。因此，多数人认为通过影响一个人的外在因素去对付一个人其实是很困难的。

遵从本性才是正途

只有威力强大的时间才可以达到这样的效果：人在肉体和精神方面的优势逐渐被时间消磨净尽。而只有人的道德气质不受时间的影响。在这一方面，所获财产和个人在别人眼中的形象当然显得更有优势了，因为时间并不会直接夺走这些好处。后两项好处的另一个优势就是：它们都处于客体的位置，在本质上决定了任何人都可以得到它们，起码有这种可能性存在。比较而言，我们对于主体范围的因素确实无能为力——它们作为“神的权利”赋予了人们，并终其一生不会发生改变。所以歌德说：

在你降临世上的那一天；
太阳接受了行星的问候，
你随即永恒地遵循着，
让你出世的法则茁壮成长，

你就是你，你无法逃脱你自己，
师贝尔和先知已经这样说过；
时间，力量都不能打碎，
那既成的、已成活的形体。

尽可能充分地利用我们天定的内在个性是我们唯一能够做到的。因此，我们应该避开那些不符合我们个性的发展方向。所以，在选择地位、职业和生活方式时要优先考虑我们的内在个性，使他们最大限度的匹配。如果一个天生体格强壮，像大力神似的人迫于一些外在因素，从事某种久坐不动的工作，比如烦琐细致需要耐心的手艺活儿，或者从事一些脑力工作，比如学习研究等。这些工作抑制了他出众的身体优势，反而需要用到他先天不足的能力，这样只会让他终身郁郁寡欢。或者某个人天生智力超群，但是其所从事的工作对其智力并无多大需求，他的智力得不到锻炼和运用，或者更悲剧的是他的工作是他无力负担的力气活儿，那么他的不幸比第一个人有过之而无不及。所以我们要想避开生活中的激流险滩，就必须在年少气盛之时避免过高估计自己的能力。

人所获得的财产以及在他人眼中的形象与人的自身相比，前两者无疑轻于鸿毛。所以我们有充分的理由相信，人生道路中，更明智的选择是注重保持身体健康和发挥个人自身才能，而不是全身心地攫取财富。但是与此同时，我们不能陷入这样的谬论中：我们可以不用在意生活必需品的问题。其实，真正的幸福并不是靠丰裕盈余的物质财富去获得的，它对我们获得幸福帮助并不大。因此，我们可以看到很多富豪过着不快乐的生活，他们缺少的不是物质财富，相反这恰恰是他们最富余的，他们缺乏的是经过熏陶的精神思想，只有这些才能让他们具备从事精神思想活动的能力，才能引发他们对于事物的客观兴趣。

财富带来幸福，也会打扰幸福

财富可以满足人的物质生活的客观需要，但是他对于我们追求真正的幸福并没有多大影响力。相反，我们悠然自得的生活却可能因为要管理这些财产而被打扰。就人的幸福而言，人的自身内在个性确实比获得的财富重要，但是不容忽视的是，寻常人在追求财富与追求个体幸福之间，无疑对前者更有兴趣，干劲更大。也因此我们身边总是有像蚂蚁一样的人，他们恨不得不眠不休地劳作，每天从睁眼开始就盘算着如何攫取更多的财富。他们的视野只局限于他们狭小的挣钱领域，除此之外，他们毫无兴趣，也一无所知。作为人最高级别的乐趣——精神的欢愉——对他们来说，是虚幻缥缈、遥不可及的事物。也正因为如此，可悲的他们就只能在挣钱的缝隙里寻求那些一蹴而就的、肤浅的感官乐趣，原因无非是它们费时很少，但是却得花很多钱。他们不厌其烦地以这类娱乐来代替精神世界的享受。在他们生命走到尽头的时候，其中运气好的人，会挣到一大堆的金钱作为他们来过这个世界的证据，他们倾其一生得来的财富要么成为继承人继续积累财富的原始包袱，要么成为继承者得以挥霍的物质基础。这种人终其一生都保持着他们严肃的面孔，看起来郑重其事，但是却难以掩盖他们精神生活的愚不可及，他们的精神世界和许多傻子并无多大区别。

所以，在追求人的幸福的过程中，人的内在拥有才应该是最为关键的因素。现实情况是大多数人的自身内在个性相当荒芜，这也解释了那些物质生活优渥，不用和生活讨价还价的人们中有很多人依然过着闷闷不乐的生活，这种状态与那些挣扎在温饱线上的人并没有多大区别。他们只能一头扎在虚幻的社交人群中逃避他们空虚的内心、迟滞的意识和贫瘠的思想。像他们这样的人，把脑袋扎在一起，就产生了这样的社交群体，“因为相同羽毛的鸟聚在一块”（荷马）。消遣、娱乐是他们聚集的唯一目的，开场的感官欢愉、放纵声色终于还是落得荒唐无度后草草收场。再多的家财在一个被生活奴役的纨绔子弟的穷奢极欲中也会以令人难以想象的速度挥霍殆尽。无聊的人生、精神的荒凉和空虚的灵魂在这样的夜幕下时时上演这样的做派。巨额的财富让这些希望通过财富弥补内心空虚的少爷们一次次失望，就好像老迈之人将强身健体寄托于少女的汗水。人自身内在的贫乏，终将导致外在财富的贫乏。相对于第一项，后面两项的重要性，已经不需要我特别强调了。财产的价值备受世人关注，在此处过多的鼓吹反而显得啰唆。与第二项相比，第三项的好处具有一种相当缥渺、不可度量的成分，因为名誉、名望、地位等全由他人的意见构成。每人都可以争取得到好的名誉；但社会地位的桂冠，则只有国家政府的人才有机会摘得；至于显赫的名望就只有凤毛麟角的人才会得到。在所有这些当中，名誉是弥足珍贵的，显赫的名望则是人人所奢望得到的东西，那是天之骄子才能得到的金羊毛。此外，没有人会把社会地位放置在财产之前。人拥有的财产、物品与名誉、声望相互影响、相互促进。彼德尼斯说过："一个人所拥有的财产决定了这个人在他人眼中的价值。"如果这句话可信，那么，反过来，他人对自己的良好评价，同样能以各种形式转化为财产。

第二章　人的自身

你的幸福感去哪儿了

我们都明白这样一件事情，在追求幸福的道路上，带给我们最大助力的是我们自身内在素质，而不是我们所拥有的财富，当然更不是我们在他人眼中的形象。对一个人的定义，应该从始终伴随这个人的自身所具备的个性出发，他的一切行为举止都源于这种自身个性。在他的经历中，出现在他感觉中的第一个人往往就是他自己。这不仅可以帮助人们从物质事物中获取乐趣，而且在享受精神的乐趣上效果更佳。因此，英语短语to enjoy one’s self（享受）的确一个精确的表述。例如人们说："He enjoys himself in Paris."（他在巴黎享受自己），而没有表述为"他享受巴黎"。一个自身内在个性低劣的人，再美的事物，我们也不能奢求他从中得到相应的乐趣，就像不能要求一张满是胆汁苦味的嘴，去享受香醇的琼浆玉液一样。所以我们在生活中遇到的事情，不论大小、好坏，事情本身往往没有我们自己对事情的感受方式重要，当然这些事情中不包括灾难。直白地讲，人们对事物本质特征的感受能力和强弱程度才是最重要的。

怎么定义人的自身，人的自身到底是什么，简而言之：与人的幸福直接相关的是人的个性及其附加的价值。此外的其他因素都只是间接影响人的幸福而已，而且这些影响并不是不可消除的。而内在个性对人幸福的影响却永远不会改变。所以，当你对他人优秀的内在个性产生嫉妒心理时，这种心理最难消除，只能自己小心地掩藏起来。再上升来讲，万物都在发生变化，持久保持的只有感觉意识成份，时时刻刻都在发挥作用的是人的个性，除此之外，其他东西产生的作用只是一瞬的、偶尔的，以其他变化的事物为条件发生着变化。所以，亚里士多德说过：“我们能够依靠的只是我们的本性，而不是金钱。”所以，克服外来的灾难往往比由自身缺陷带来的不幸要容易许多。运气总有一天会降临在我们身上，但是我们自身的构成往往恒定不变。这也说明包括高尚的品格、高超的智力、积极的性情和强健的体魄等在内的人的主体的良好素质即“健康的身体加上健康的心灵”才是我们追求幸福人生最直接有力的支撑。所以这些才是我们应该努力保持和改善的内容，而不是一头扎进财富和名誉的泥沼。在所有的美好素质中，最直接带给们幸福的恐怕要数轻松愉快的感官了，它们带来的好处是即时呈现的，一个人愉快的原因，就是因为他是一个愉快的人。这种愉快的感觉可以代替别的内在素质的作用，但是别的其他的好处却难以撼动它的地位和作用。一个人是否轻松愉快可以作为判断他是否幸福的标准，但他是否年轻、英俊、富裕和受人尊重却不能作为这样的标准。年轻与否、帅气与否、富有与否，这些对于一个心情愉快的人来说是无关紧要的，他只需要确认他是幸福的。当我还是个青年时，在一本旧书中我看到这样一句话："爱笑的人一定是幸福的；爱哭的人一定痛苦不幸。"很简单的一句话，却包含了自朴素的真理，也因此让我始终无法忘怀，即使它在表达上有点夸张。所以我们要勇敢地拥抱愉快的心情，对于它，到来的日子不该有不合时宜。

现实情况却不是这样的，我们会在愉快心情敲门时探头探脑、犹豫不决，想要确认它的到访是否有根据；我们也会在忙碌之际质疑愉悦心情到访的动机，把它的馈赠看作是对我们严肃认真工作的打扰。而我们这样做是否有好处却仍然是个未知数。相比之下，选择高兴的心情却能让我们稳赚不赔。愉悦的心情才是能够赢得幸福的现金，而其他的只不过是空头支票。愉悦的心情是上天对我们生存的恩赐，生存的真实性每时每刻都在体现，它连接着无尽的过去和未来。显然，在我们面对太多追求时，获得和促进心情的欢愉才是最应该放在首位的。

健康第一，其他靠后

我们不得不承认，健康才是愉快的心情最强援手，而充裕的金钱在愉悦心情的主场中只配坐冷板凳。这也解释了为什么我们在一些底层劳动者的脸上常常看到洋溢着幸福和满足的笑脸，富贵者脸上却布满乌云。因此，我们应该着重获得和保持身体健康——愉快的心情就是从健康的身体里长出的花朵。众所周知，一切纵欲放荡的行为、令人不快和剧烈的情绪动荡，以及长时间高强度的精神紧张，都将对我们的身体健康造成严重伤害。为了保证身体健康，我们每天至少要在户外进行两个小时的身体运动；勤洗冷水浴，饮食要有节制。锻炼身体是保持健康体魄最有效的方法，如果身体是一台机器，那么不论是身体整体还是身体的各个组成部分，都需要动起来，身体才能保持良好的运行状态。正如亚里士多德所说："生命在于运动，生命的本质在于运动。"身体组织的内部像一台不知疲倦的机器，不停运转；心脏在不分昼夜地收缩、扩张，它每跳动28次，就把身体的全部血液沿着身体的大、小血脉传送一遍；肺部就像一台蒸汽机，一刻不停地换气；大肠则像虫子一样地蠕动不已；体腺在不停地吸收和排泄中维持身体的机能消耗；大脑在脉搏跳动和肺部呼吸中不停地运转，指挥着这台复杂的机器。人体内部这种永不停息的运动对人体外部的运动提出了客观的要求，那些缺乏运动的人，他们的体内和体外运动状况极不协调，这无疑对他们的身体健康造成重大的伤害。上述身体内外之间的不协调就类似于：某种情绪使我们的内在沸腾激动起来，但却不得不竭力压制这种情绪从我们外表流露出来。自然界中，即使树木的健康生长，也需要风帮助其进行运动。“每一运动的速度越快，那这一运动就越称其为运动”——这一句话以最简洁的拉丁文表示，就是“Omnis motusguocelerior，eomagismotus”——这一规则可以适用于这里。

强健有力的身体带给我们愉悦的心情，愉悦的心情帮助我们获得幸福。这一点可以从我们在健康时和在生病时对待外在事物的不同态度和对环境的感受方面截然不同的表现就一目了然。造成我们快乐或者难受的，不是眼前真实存在的事物，而是我们对这些事物的感觉和理解。这就是爱比克泰德[1]所说的“扰乱人们的不是客观事情，而是人们对客观事情的见解”。身体的健康程

① 爱比克泰德（公元约50—公元约138）：古希腊哲学家，晚期斯多葛派主要代表之一。

度决定了我们能够获得多少幸福，在健康的身体看来，一切都可以成为幸福的来源；如果我们抛弃了健康，那么健康同样裹挟着一切外在的好处远离我们，其中甚至包括了诸如精神、情感、气质等属于我们内在主体的优点。这样看来，在人际交往中我们询问并祝愿对方身体健康是一件非常合理的事情，毕竟健康对于每个人来说是追求幸福的根本。我们有理由这样认为：最愚蠢的人才会为了诸如金钱、晋升、学问、声名，甚至肉欲和其他片刻的欢娱而出卖自己的健康。健康第一，其他靠后。

从上述的讨论中我们知道，愉悦的心情对我们追求幸福至关重要，也明白健康的身体是我们保持愉悦心情的有力保障。但事实上除了健康的身体外，还有其他因素对我们保持愉悦的心情有着很大的帮助。即使是完全健康的人也会生成忧郁的气质和沮丧的心情。这些现象背后最根本的原因就在于人的最初的，因而也是不可改变的机体组织的构成，也就是一个人的感觉能力与肌肉活动、兴奋能力及机体新陈代谢能力之间构成的比例是不同的。超比例的感觉能力会引致情绪失衡，表现为周期性超常愉快或者挥之不去的忧郁。成为天才的条件就是具备超越常人的神经力量——亦即超常的感觉能力。所以，亚里士多德才会认为所有杰出、优越的人都是忧郁的，“所有那些无论是哲学、政治学、诗歌或其他艺术方面表现出色的人，看上去都是忧郁的”。西塞罗在讲述下面这句经常被人们引用的话时，他所指的肯定也是上述那段话：“亚里士多德说，所有的天才人物都是忧郁的。”我在这里对人的与生俱来的基本情绪——它因人而异——所做的考察，莎士比亚曾经异常优美地加以描述：

大自然造就了奇特的人，
一些人总是眯缝着眼睛，大声笑着，
就像看见苏格兰风笛手的鹦鹉；
也有一些人阴沉着面孔，笑不露齿，
虽然奈斯特发誓那笑话的确值得一笑。

——《威尼斯商人》

柏拉图更直接地用“郁闷”和“愉快”来形容这两种不同情感状态，不同的情感感受能力导致这两种不同情感的出现。所以，面对同一件事情，有的人痛哭流涕，有的人却捧腹大笑。一般而言，一个人对愉快情绪感受能力越弱，那么他对不愉快情绪的感受能力也就越强，反之亦然。同一件事情有可能是一件令人愉悦的事，同样可能是一件令人悲伤的事。性格“郁闷”的人会对事情的“不好”的结果而感到悲伤和抑郁，同时他们对事情的“好”的结果同样不会表现出多大的高兴劲儿。反观性格乐观“愉快”的人，这种人不仅对事物的好结果深感高兴，而且也不会为不幸的结果悲伤难过。性格“郁闷”的人只会盯着十个目标中未完成的那一个，而完全忽视了已经完成的那九个，他们为这个少数生气苦恼；性格乐观“愉快”的人恰恰相反，成功实现的目标始终是他们愉悦心情的来源。

当然两种性格的人也各有各的优势，就像我们找不到十全十美的事情一样，性格“郁闷”的人虽然比性格乐观“愉快”的人承担了更多他们预支或者想象出的不幸和痛苦，但他们在遭受到真正的不幸和痛苦时抗击打能力更强。这种能力是在他们一次次把事情往坏的地方想，把未来看得漆黑一片的过程中锤炼而成的。也正因为如此，他们时时刻刻在为不幸的事情做着准备，所以相比较于那些性格乐观“愉快”的人，他们的失算更少，栽的跟头也更少。我们想象一幅画面，一个性格“郁闷”的人，不小心得了神经系统或者消化系统的疾病，性格原因加上疾病的折磨，我们很可能看到这个人萌生自杀的念头。我们可以看到，基于性格“郁闷”的原因，生活中一些细小的不便与烦恼就可能导致这个人自杀。在某些更糟糕的情绪状况下，一个性格“郁闷”的人可能完全由于持续得不到改善的低落心情而结束自己的生命。这样的人并不是一时冲动，没有勒住失控的生命，反而是经过冷静地思考后才决心实施自杀计划。这样的事情也并不罕见：一个受到全面监控的病人，仍然会不遗余力地利用每一个监控的空隙，迫不及待地抓住死神的镰刀把儿，来个对他们而言再简单不过的一了百了式解脱，这个过程中我们看不到恐惧、不甘、退缩和内心斗争。埃斯基罗尔[①]在《精神疾病》一书中对自杀进行

① 埃斯基罗尔（1772—1840）：法国早期的精神病学家。

了详尽地论述。当然事情永远不是绝对的，在一些情况下，即便身体健康或者心情愉悦的人也会走上自杀的道路。当痛苦和不幸步步紧逼且不可避免，它的力量已经超过了人们对死亡的恐惧和对生存的依恋，这种状态下人们也只能选择自杀来摆脱痛苦。两种性格的人面对自杀，区别只是选择自杀所需的诱因大小不同，诱因的大小与人的“郁闷”情感成反比例，越“郁闷”，诱因越小，越可能自杀。到最后，诱因甚至可以降为零。相比之下，愉快情绪越强烈，维持这一情绪的健康状况越良好，自杀的诱因就必须越大。因此，导致自杀的原因大小不一，但构成两个极端的就是：与生俱来的忧郁不满的心理得到了病态的加剧；天性是健康、愉快的，只是客观的原因所致。

美貌非常重要。它与健康有着某种联系，它是属于主体的好处，因此它不会直接带给我们幸福，但是它却可以通过留给他人好的印象的方式间接增加我们的幸福。当然美貌不仅对女性有用，对男性同样如此。美貌可以拉近我们与他人的距离，赢得良好的开端。荷马的一些诗句可以恰如其分地概括：

神祇的神圣馈赠不容遭到蔑视，
这些馈赠只能经由神祇的赐予。
任何人都无法随心所欲地获取它们。

——《伊利亚特》

幸福路上的拦路虎——痛苦与无聊

对生活有细微观察的人们不难发现：痛苦和无聊是我们追求幸福道路上的拦路虎，在这点上，我需要做一个补充：每当我们感到快活，在我们远离上述的一个敌人的时候，我们也就接近了另一个敌人，反之亦然。我们生活在独木桥上，两边分别蹲着“痛苦”和“无聊”。痛苦和无聊在外在和内在之间、客体与主体之间同时保持对立关系。二者在外在的，也就是属于客体部分的对立关系其实就是生活贫困时产生痛苦，生活优渥安定时产生无聊。所以我们看到这样一幕：底层的劳动者无休止地与匮乏、贫困斗争，而上层社会的富豪则持久地与无聊鏖战。二者在内在的，即属于主体部分的对立关系则由一个人的精神能力的大小决定，一个人对痛苦的感受能力和对无聊的感受能力成反比。因此，迟钝的精神对应迟钝的感觉，同样对应兴奋的缺乏，带来的就是对各种强度不一的痛苦和要求的迟钝反馈。

这种迟钝投射到精神世界就表现为精神的空虚。精神的空虚不仅表现在人们的脸上，而且人们一刻不停地关注外在事物的举动同样暴露了他们空虚的精神世界。内在的空虚导致了无聊的泛滥，迫使人时时刻刻都在寻求外在刺激物，妄图通过外物的刺激使他们死水潭般的精神世界产生一丝波动。他们选择的刺激物单调乏味，更透露出他们空虚的灵魂对消遣的饥不择食，万年不变的社交谈话和许许多多靠门而立的或者从窗口张望的人共同构成了他们的集体特质。精神世界的荒芜浩浩荡荡地推着他们加入五花八门的社交、娱乐和穷奢极欲，最终以梦醒茶凉的痛苦结局草草收场。而避免这种事情发生的唯一手段就是充实我们的内心世界。充盈的精神世界会把无聊得以存在的空间逐渐占据，以多元的思想、积极的心态探索内外世界，甚至多种思想在重组融合中碰撞出智慧的火花。此时，卓越的头脑不会再受到无聊肆意的侵扰，除非精神世界的运行在某些时刻放松下来。敏锐的感觉和强烈的意欲，即强烈的冲动和激情共同构成了突出的智力。情感的强烈程度在这些素质的综合作用下被提高了，造成了对精神，甚至肉体痛苦的极度敏感。在这种状态下，不要说灾难性的事情了，即便是一些细枝末节的琐事，都会让人心态炸裂。包括违背本意的东西在内的所有表象，都被这些因素加强放大后投射于人脑中。这些表象在头脑强烈的想象力的作用下变得异常活跃。从最愚笨的头脑到最伟大的思想巨人，他们的精神思想能力全部囊括在我上述内容之内。

我们可以明确知道，不管是从主体还是客体出发，一个人走近人生痛苦一端时，相应的也在远离另一端，反之亦然。因此，在天性的调度下，我们会不断地调节客体以适应主体，以便让自己做好准备，避免滑向自己更不愿面对的痛苦一端。无欲无求，追求宁静淡雅的生活是一个精神世界丰盈的人首要寻求的状态。因此，一旦对所谓的人有所体悟，避世隐居的生活就会成为他们的选择；如果他具备深邃、远大的思想，他甚至会选择独处。因为一个人自身精神越是丰富，他对身外之物的需求也就越少，别人对他来说就越不重要。从这点我们也可以了解为什么一些精神世界熠熠生辉的人总是那么孤傲了。与你进行社会交往的人的数量，永远别想代替质量，一百个傻子在一起，也不会产生一个天才。相比之下，处于痛苦的另一极端的人，一旦匮乏和需求对他的控制稍微放松，给他以喘息的机会，他就会不惜代价地寻找消遣和人群，轻易地将就一切麻烦。他这样做不为别的，只是为了逃避他自己。因为在独处的时候，每个人都只能求于自身，这个人的自身就会暴露无遗。所以愚昧的人只会拖着沉重的自身叹息，而那些思想积极、精神优越的人却用他们的思想在他们的周围营造出欢快的、富有生气的氛围。也基于此，我们不仅看到耶稣说："愚人的生活比死亡还要糟糕。”同样，塞尼加[①]也说：“愚蠢的人受着厌倦的折磨”。

我们可以发现：大致而言，一个人对与人交往的爱好程度，跟他的平庸智力及贫乏思想成正比。我们在这个世界上只有两条路，要么独处，要么庸俗，此外我们再没有第三条路可走。

① 塞尼加（约公元前4—65）：古罗马哲学家、雄辩家。

无聊的背后其实是无知

人的大脑意识寄生在人的身体里，在人们闲暇时候，人能够自由地享受意识和个性所带来的乐趣。因此，在人忙碌操劳的一生中，闲暇成了最可贵的人生精华。那么我们的人生精华可以带给我们什么体验呢？恐怕不是纵情声色就是浑浑噩噩吧。这种消磨空闲的方式可以透露出他们对待人生精华的草率。他们的人生精华在阿里奥斯托[1]看来不过是“一无所知者的无聊”。如何去打发时间是庸俗之人所要考虑的事情，怎么才可以好好利用时间则是有才华之人深思熟虑的事情。头脑简单，思想狭隘的人往往被无聊侵袭于措手不及，因为他们的大脑不负责抵御无聊，而单纯地服务于他们的意欲，只是意欲的奴婢。如果诱发意欲的动因暂时没有光顾，那么，意欲也就暂时就靠边站了，当然大脑也就

① 阿里奥斯托（1474—1533）：以史诗《疯狂的罗兰》闻名的意大利诗人。

轮休了——作为意欲奴婢的大脑可不会自己出去玩。在这样一种情况下，我们身体内的所有精力拥堵在一起，无聊也就充斥在身体的每个角落了。为了摆脱无聊，人们就意图找出一些琐碎、微小、随意和暂时的诱因以图刺激意欲，并以此激活大脑——因为大脑的任务本来就是理解、把握诱因。但这些动因较之于那些真正的、自然的动因，就犹如纸币比之于银圆，因为前者的价值是有随意性的；诸如游戏、玩纸牌等就属于这一类的动因。这些游戏的发明也就是为了上述目的。如果没有了这些游戏，缺乏思想的人就会敲击随便一件伸手可及的物品来帮助自己打发时光。对这种人而言，雪茄同样是一件受欢迎的代替思考的物品。因此，纸牌成为不分国界的聚会、娱乐的“派对之王”。它唯一的作用就是在人们荒凉的思想世界短暂地播下欢愉的种子。在思想空洞的人们之间，思想永远不会成为交流的媒介，反而纸牌却可以成为交换金钱的介质。真是可悲的人啊！

我们不用觉得我们的想法有失公正，我们不妨替他们做这样的辩护：世俗生活中，玩纸牌也可以成为应对生活的一种演练，我们通过玩纸牌学会把握偶然的、不可逆的既定形势（牌局），使我们最大限度地达成我们的目标。也正因为如此，我们拥有了保持沉着的心理素质，即使上帝让我们抓了一手臭牌，我们仍能打出自己的风采。但是，显而易见，玩牌在伤风败俗上的作用真是功不可没。纸牌游戏的特点就是要激发人们的欲望，使他们动用一切诡计和技巧，不择手段地去赢取他人的财物。在现实生活中。这种纸牌游戏里的体验和思维惯性会逐步侵蚀理智，混淆现实与游戏将成为不能避免的结局。随之而来的是大家在处理人际关系时，一致认同这样一种规则：只要是法律允许的，我们就可以利用自己掌握的所有优势，达成自己的目的。这方面的例证在日常生活中俯拾皆是。虽然我说闲暇是人生的精华，是我们生命存在的花朵，我们因为有着闲暇的存在，才得以把握自身、支配命运，但是这种闲暇对不同的人起的作用是不同的，对那些内心充盈，精神世界丰富的人来说，拥有闲暇无疑是幸福的；但是对于大多数人来说，闲暇只不过放大了他们的无所事事、无聊烦闷。所以我们应该大声地赞美自己："亲爱的兄弟们，我们不是干粗活的女工的孩子，我们是自由自在的人。"①

① 出自《圣经》。

你可能根本没认清自己

往大了说，如果一个国家通过本国的生产就可以满足自身发展的需要，那么这个国家无疑幸福的。因为进口对一个国家来说意味着高额支出和供应不稳定等隐患，仰仗他人总会有着麻烦的事情发生。同理，一个人如果内心世界富足充盈，他不需要从外界索求娱乐，那么他是一个幸福的人。总之，每个人都是一个独立的个体，而我们最关心的事情是这个独立的人是什么样的人。因此，歌德的评论（《诗与真》）适用于这里：无论经历任何事情，每个人都最终都得求之于己。或者，就像奥立弗·高尔斯密[1]的诗句说的：

无论身在何处，

① 奥立弗·高尔斯密（1728—1774）：英国18世纪中叶杰出的小说家、诗人和戏剧家。

我们只能在我们自身寻找或者获得幸福。

——《旅行者》

所以我们每个人都需要尽情释放自己的光和热，竭尽所能，做最好的自己。一个人越是这样要求自己，那么他身上快乐的源泉就越是充分涌流，他就越是幸福。就像亚里士多德说的一样：幸福属于那些能够自得其乐的人。快乐和幸福也有外在源泉，可惜这些外在源泉就其本质来说是飘忽不定的、短暂的同时还充满偶然性。所以他们会在最被看好的时刻猝然消失。外在源泉作为一种脱离我们自身掌控的存在，其消失是不可抗拒的，我们对此可谓毫无办法。

当人生的轨迹行至暮年，我们不会再对爱情饱含激动、对旅行充满好奇，当然也不会再去享受跨上马背驰骋草原的豪情，好像一瞬间所有快乐和幸福的外在源泉都弃我们而去了，甚至我们的亲朋好友也先后离开了我们。此时，个人自身拥有的价值更加凸显，能陪我们到人生尽头，永远给予我们快乐和幸福的只有我们自身拥有的。我们的世界很不友好，我们时刻面临着匮乏和痛苦的围追堵截，即便侥幸躲过了匮乏和痛苦，我们又与无聊不期而遇。最为要命的是，我们的世界掌握在卑劣和恶毒的手里，嗓门大的那个话语权便有了着落，可悲的是愚蠢的人嗓门往往不小。

命运是残酷的，人类是可悲的。生活在这样一个冰天雪地的世界上，只有内心世界丰富的人会拥有一间明亮、温暖的圣诞小屋。不管前方的命运是否依然美好，我们唯一可以肯定的是拥有美好个性和深邃思想的人才是这个星球上幸福的人。也正因此，当年仅19岁的瑞典克里斯汀女王只是通过了解关于笛卡尔[①]的一篇论文以及一些口头资料后，就对这位已经在荷兰孤独生活了20年的人说了一句充满睿智的话：笛卡尔先生是我们所有人当中最幸福的一个；在我看来，他的生活令人羡慕。(《笛卡尔的一生》，巴叶著）圣经《传道书》已经说过："智慧再加上一笔遗产就美好了，智慧帮助一个人享受阳光。"谁要是通过大自然和命运的恩赐，交上好运得到内在的财富，那他就要小心谨慎地确保自己幸福的内在源泉畅通无阻。而达到这一目的的条件就是拥有独立和闲暇。所以，他们会很乐意以俭朴和节制换取上述二者。如果他们不像其他人一样渴望得到更多快乐的外在源泉，情况就更是如此。因此，这些人面对职位、金钱、世人的赞许和垂青等诸如此类的诱惑时并不会步入歧途，玷污自己内在的高洁来迎合人们卑微的目的或者低下的趣味。他们不会像歌德那样做，他们只会像贺拉斯在给默斯那斯的信中所建议的那样做：为了外在的荣耀、地位、头衔和名声而部分或全部地奉献出自己的内在安

---

① 笛卡尔（1596—1650）：法国数学家、物理学家、生物学家和哲学家。

宁、闲暇和独立——这是极度愚蠢的行为。上帝明确地指引我走向我们的内心而非反向。

我们所论及的真理，即幸福源于我们内在，与亚里士多德的观点是一致的。他说：每一快乐都是以人从事某种活动，或者应用人的某种能力作为前提；没有这一前提，快乐也就无从谈起。亚里士多德的观点即人的幸福全在于无拘束地施展人的突出才能，与其观点一致的还有斯托拜阿斯对逍遥派伦理学的描述。斯托拜阿斯说："幸福就是发挥、应用我们的技巧，并取得期待的效果。"他特别说明他所用的古希腊字词指的是每一种需要运用技巧和造诣的活动。大自然在赋予人类以力量之时，其最初的目的就是帮助人类克服包围着他们的匮乏，而这场战斗在人类胜利之时，也就同时宣告这种力量成了人类的负担。既然是负担，自然需要缓解，消遣应运而生。如果没有消遣，人们就会掉入人生的另一个痛苦中——无聊。对于无聊带来的痛苦，也许王公、巨富体会颇深。

卢克莱修[①]在描写富豪们的痛苦时这样写道：

他经常离开偌大的宫殿，匆匆走向室外露天，因为在屋子里他感到厌烦，直到他突然返回为止，因为他感觉出门并没有好得

① 卢克莱修（约公元前99—公元前50）：罗马共和国末期的诗人和哲学家。

了多少。又或者，他策马驰往乡村庄园，就好像他的庄园燃起了大火，他必须匆忙赶去扑救一样。但刚跨进乡村庄园的门槛，他就无聊地呵欠连连，或者干脆倒头大睡。他要尽力去忘记自己，直到他想返回城市为止。

他们在年轻的时候年富力强，精力十足。但岁月的巨轮并不会因为财富和地位而不去碾压某个人，在所有的一切都被压碎后，只有思想能力得以保留。在这种必然趋势下，不管是我们思想能力的欠缺还是我们未来得及锻炼我们的思想能力，抑或是缺少发挥我们自身思想能力的介质，总之结果对我们来说都是同样的悲惨。唯一无法枯竭的力量是意欲，它受到刺激就会激动。例如，意欲通过一些真正低级趣味的罪恶的豪赌而被鼓动起来。一般来说，百无聊赖的人都有一种可以发挥自己特长的消遣活动，比如下棋、玩牌、狩猎、绘画、赛马、玩九柱戏，当然也有的人研究文章、音乐、诗歌或者哲学。我们可以探索人的能力的所有外在表现的根源，亦即深入人的三种生理基本能力，从而对这个课题有一个彻底的了解。我们也就需要考察这三种能力的那些不带目的的发挥和活动——它们的发挥和活动构成了人的三类快乐的源泉。我们可以通过一个人身上所具备的能力判断哪一类快乐适合他。第一类是休闲类：包括吃喝、消化、休息和睡觉。在一些国家，这类快乐获得首肯，这类活动甚至得到全民的肯定。第二类是竞技类：包括步行、跳跃、击剑、骑马、舞蹈、狩猎和各种各样的体育游戏，甚至包括打斗和战争。第三类为感觉类：包括观察、思考、感觉、阅读、默想、写作、学习、发明、演奏音乐和思考哲学等。

对于这三种乐趣孰优孰劣，哪种价值更大的讨论历来说法众多，我们不妨仁者见仁，智者见智。不过有一点是大家共同承认的：我们感受的乐趣（它以运用、发挥我们的能力为前提）和幸福（它由乐趣的不断重复所构成）越大，那作为前提的力量也就越高级。而且，恐怕没有人会否认，在这一方面，感觉能力比人的另外两种基本生理力量更为优越——人在感觉方面的明显优势是人胜于动物之处，当然在动物身上也同样存在人的另外两种基本生理能力，而且远胜于人类。感觉能力强大的人就会有强大的认知能力，而这也是我们得以享受精神思想上的快乐的根本所在。情感力量的强弱与我们获得精神思想上的乐趣的多少是正比关系。要使一个普通人热切地关注某件事，唯有刺激他的意欲，并提起他对这一事物的切身兴趣。但是痛苦与意欲紧密相连，要持久的兴奋，就不是单一纯净、不含杂质的。在上流社会流行的旨在刺激意欲的手段中，最成功的莫过于纸牌游戏。不得不承认，它在激发起人们肤浅的兴趣方面获得了完完全全的成功，它竭力避免带给人们永久和严重的痛苦，而是带给人们暂时的、轻微的痛苦。因此，纸牌游戏也只是对意欲的瘙痒式的挑逗。相比之下，那些能够用最热切、最饱满的精神状态投入到认知活动中去，不夹杂任何意欲的成分的人是真正具有优越精神能力的人。事实上，他们也是在迫不得已的情况下才会这样热切投入。当他们在这个领域里全情投入其中时，痛苦对他们来说的陌生的。我们可以说，他们置身于神灵轻松自在地生活的地方。因此，造成大众浑浑噩噩的不是其他因素，就是大众自己的生活，他们把自己的思想、欲望统统投注在维护个人利益的小事里，由此他们的生活也必然迈向了各种各样的苦难中。所以，当他们不再对这些目标孜孜以求，不得不重新拾起自身内在精神时，才会发现无聊从来不曾离开他们半步。无聊吞噬了众生的生活，一潭死水只有在情欲刺激下才能泛起一丝涟漪。

但精神禀赋卓越的人却过着思想丰富、生气勃勃和意味深长的生活。有价值和有乐趣的事物吸引着他们的兴趣，并占据着他们的头脑。这时人们才意识到，其实他们的自身才是快乐最高贵的源泉。而能够成为这些人的外在刺激事物也都是大自然的杰作、他们所观察的人类事物以及各个时代和各个地方的天才们所创造的为数众多、千姿百态的杰作。只有充分完全地理解和感受到这些杰作的人，才能真正地享受这些历代积累的杰作。也因为有人懂这些作品，历代的伟人们得以存在于人们之间。普通人则只是偶然的看客，他们只是部分明白个中的东鳞西爪。当然，具有天赋的人比常人多了学习、观察、研究、默想和实践的需求。

因此，这也就是对闲暇的需求。也正如伏尔泰所说的："只要有真正的需求，才会有真正的快乐。"

他们之所以得到他人所得不到的快乐，是因为他们所需要的是别人所不需要的。对于那些世俗之人，他们眼中的自然美、艺术美以及思想美，不过就是艳妓之于年老体衰之人。我们可以这样认为，一个有思想内涵的人不仅过着世俗人的生活，其实同时还沉浸在他们更为在意的精神生活中，而显然世俗生活只是作为精神生活存在的支撑，他们关注的首先是精神上的生活。而且随着岁月的沉淀，他们对于事物的体悟更加透彻，认识也水涨船高，他们的两重生活也开始趋于统一。他们把生活活出了艺术品的精致与典雅。反观芸芸众生，只有烟火气十足、空虚无聊的现实生活才能让他们感觉到自己的存在。与前者相比，他们只单纯追求物质生活安逸的理想，无疑是可悲的，他们的人生只是随着时间活出长度，而深度永远停滞不前。也就是说，现实生活是世俗之人的目的，是精神卓越者的手段。

情欲在我们的现实生活中隐匿时，我们会变得索然无味；可一旦受到情欲的驱动，我们又会很快就变得痛苦不堪。所以只有那些智力超过意欲需求的思想者是幸福的，他们能够在过着实际生活的同时享受这安宁祥和的精神生活。他们全身心投入精神世界中，乐此不疲。如果你只有闲暇，你也不足以享受精神生活，具备某些真正充裕的能力是必不可少的。只有在这种能力的支持下，你才能得到真正的空闲，得以享受纯粹的精神活动。相比之下，“没有精神思想消遣的闲暇就是死亡，它就像要把人活生生地埋葬”（塞尼加）。根据各人精神思想能力的不同，与现实生活相应，思想生活也分为不同的等级：从仅仅只是收集和描绘昆虫、鸟类、矿物、钱币之类的精神乐趣，一直到创作出最杰出的文学和哲学作品。丰富的精神生活帮助我们避开了无聊的社交，以及许许多多的危险、不幸和纵欲。上述这些不好的东西是我们在现实世界追求幸福时一定会遭遇的。因此，即使在学习哲学过程中我没有获得明显的好处，但是它让我得以规避很多损失，而这无疑更加重要。

匮乏与空虚，人生的两大痛苦

世俗之人把自己对快乐、幸福的希望寄托在财富、地位、妻儿、朋友以及社会群体等外在事物上，一旦他们失去这些事物，或者对这些外在事物的幻想破灭了，他们奢望的幸福也就随着化为乌有。而这些人的人生重心不在自身，而在身外。流转的目标和理想，在他们身上永远无处安放。他们会尽其所能，变着方法逃避着无聊的人生，一会儿在购买乡间别墅或者血统纯正的马匹，一会又在举办派对，随后又环游世界。

一言蔽之，他们希望外在的奢华享受可以填充他们空虚的内在世界，就像病入膏肓的人希望多喝几副汤药让自己重获新生。其实，一个人自身的生命力才是身体力量和健康的源泉。我们暂且不去讨论极端的人，姑且看看那些在精神思想力量上超过常人一些的人吧。如果你观察仔细就会发现，当外在的事物无法再带给他们所需要的快乐时，他们无一不是通过学习一门艺术或者其他自然科学知识来满足他们的。他们在诸如植物学、矿物学、物理学、天文学、历史学等科学中获得乐趣和消遣。他们的人生重心在自身和外在之间，他们对艺术只是业余爱好，这与自发的艺术创造依然有着差距。单纯的自然科学知识只停留在研究事物表面现象之间的相互关系，因此，他们无法全身心投入其中，也不可能让自己的整个生命存在与这些东西紧密地纠缠在一起，以至于对其他事物失去兴趣。那种状态只存在于那些思想境界高，被称为“天才”的身上，他们会绝对、完全地把存在和事物的本质纳入他们的课题中进行思考。随后他们会把自己思考的结果，以个人的风格，通过艺术或者哲学的方式表达出来。所以，对他们而言，屏蔽外界的纷纷扰扰，以便专注于自己的思想和作品，实在已经成为迫切的需要。孤身独处正是他们求之不得的状态，闲暇则是上天至高无上的赐予。除此之外，其他一切好处在他们看来，就是通往幸福道路的负担。他们人生的重心无疑就存在于他们自身。

也正因为这样，我们也就理解了为什么这样的人通常不会对他们的朋友、亲人和社会集体表现出休戚与共的兴趣，即使他们并不是脾气暴躁、性情无常的人。在他们看来，拥有了自身内在后，其他的东西已经无所谓了。因此，在他们身上有着一种孤独的特质；尤其在别人从来没有真正完全地满足过他们的时候，这种特质就更加明显。他们不会认同你是他们的同类，除非你也一样拥有自身内在。我们也理解这样的状况，当差异无处不在地充斥于彼此之间，慢慢的我们也会毫无违和感地作为另类生活在他们之间。面对人群时，我们第一反应是称之为“他们”，而不是“我们”。

这样看来，最幸运的人应该是那些在精神思想方面得到大自然异常慷慨馈赠的人。的确，距离我们更近的是属于主体的东西而不是属于客体的东西。我们假设属于客体的东西真要能够发挥作用的话，无论其作用如何，它也只有通过主体才能体现价值。因此，主体事物是第一性的，客观事物只是第二性的。有诗为证：

真正的财富只能是灵魂的内在财富；
其他别的东西带来烦恼多于好处。

——卢奇安①

一个内在世界充盈的人对于外在世界除了闲暇之外确实别无他求。闲暇可以帮助他们培养和发展自己的精神才能，有充分的时间去享受自己的内在财富。他对自己的要求就是要时时刻刻做自己。当一个人注定要把自己的精神印记留给整个人类，那么，

① 卢奇安（约120—180）：2世纪希腊修辞学家、讽刺作家。

对这个人就只有一种幸福或者一种不幸可言——那就是，能够完美发掘、发挥自己的才能，得以完成自己的杰作。反之，如果他们的创作不能这样做，那就是他的不幸了。所以，闲暇被各个时代的伟大精神人物视为最宝贵的东西。每个人对于闲暇的价值认同与个人自身的价值是相对应的。亚里士多德同样这样认为，“幸福好像就等同于闲暇”。狄奥根尼斯告诉我们：“苏格拉底珍视闲暇甚于一切”。与这些说法不谋而合的是，亚里士多德把探究哲学的生活称为最幸福的生活。他在《政治学》里所说的话也跟我们的讨论相关联。他说：“能够不受阻碍地培养、发挥一个人的突出才能，不管这种才能是什么，是为真正的幸福。”歌德在《威廉·迈斯特》中的说法也与此相同：“谁要是生来就具备、生来就注定要发挥某种才能，那他就会在发挥这种才能中找到最美好的人生。”但拥有闲暇不仅对于人们的惯常命运是陌生的、稀有的，对于人们的惯常天性而言也是如此，每个人必须花费时间去获得他本人以及他的家人赖以生存的东西，是他作为人的天然命运。人往往受制于匮乏，他并不能自由发挥自己的思想。所以闲暇不可避免地成了世俗之人的沉重负担。不能用虚幻的目标以及无趣的游戏填充自己的空闲时间的话，在他们看来闲暇就是一种折磨和痛苦。出于同样的理由，闲暇也会将人置于危险的境地，“一个人无所事事的时候难以保持安静”这是相当合理的。反而一个人拥有超常智力却是反常的，是反自然规律的。虽然闲暇对于他人来说只是一种负担和麻烦，但是对于一个智力超常的人来说，闲暇却是他通往幸福的必由之路。被木轭子套住的柏加索斯[①]就是这类人缺乏闲暇时的状态，他们同样闷闷不乐。但如果上述的两种特殊反常的情形碰巧结合在一起，拥有闲暇属于外在的特殊情形，而具有超常禀赋则是内在的反常情形——那就是一个人的一大幸运。如果真的可以这样的话，那么这个得天独厚的人完全能够过上一种更加幸福的生活，因为这样的生活使他的人生同时摆脱了两端的痛苦：匮乏和无聊。也就是说，这个人既不用为了生活而奔波忙碌，也不用担心自己需要与闲暇过招。与人生相伴而生的两大痛苦，在不断地彼此抵消中和中，留给常人一丝喘息的空间。

我们如果考虑所有可能，那么就会有这样的一种假设：一个聪明无比、拥有智慧的人，因为其超常的头脑神经活动，使他更能清晰地感受到形形色色的痛苦。此外，带给他智慧的激烈的气质，使他能够对与此密切相关的对事物和形象的认识更加鲜明、完整、深刻，这些因素反过来又会极大地刺激他原来就强烈的情绪。大体来说，这种感觉情绪会让他们更加痛苦，而不是愉快。还有一点不可忽略的是，他们突出的智慧让他们远离他人及其追求。他们自身已经足够丰富，在别人身上他们别无所求。在他们

---

① 柏加索斯：希腊神话中有双翼的飞马，被其足踩过的地方涌出泉水，诗人饮之可获感。

眼中，可以让常人引以为乐的各种事情，不过是乏味又无聊的事情。那无处不在的事物均衡互补法则或许在这里也发挥着作用。我们在日常生活中有这样自认为是真理的想法：没脑子的人最幸福。当然没有人愿意为了幸福成为一个脑子都没有的人。为了避免读者在看到我的此段评论时产生先入为主的想法，我在这个问题上给出了明确的说法，而且索福克勒斯[①]本人在这一问题上就表达过两种互相矛盾的意见：

头脑聪明对于一个人的幸福是主要的。

又

要过最轻松愉快的生活莫过于头脑简单。

在《旧约》里，贤哲们的说法同样令人莫衷一是：

愚人的生活比死亡还要糟糕。

越有智慧，就越烦恼。

① 索福克勒斯（公元前496—公元前406）：古希腊三大悲剧家之一。

在这里，我不会忽视这样一类人：他们由于仅仅具备了那常规的、有限的智力配置，因此，他们并没有在精神思想上提出要求，他们也就是德语里的Philistine——“菲利斯坦人”。这名称来自德国的大学生词汇。后来，这一名称的含义有了泛化，虽然它和原来的意思依然没什么不同：“菲利斯坦人”指的是和“缪斯的孩子”恰恰相反的意思，那就是“被文艺女神抛弃的人”。的确，如果站在更高的角度审视，我应该把菲利斯坦人定义为所有那些总是严肃古板地关注着那并非现实之现实的人。但是，这样的定义却与我在这本书中的视角不符，这跟大众的视角产生了抵触。因此，我的一部分读者或许会对这样的定义饱含疑惑。与第二个定义相比，第一个定义不仅更加容易解释清楚而且也详细地表现出了菲利斯坦人的特质及其根源。没有精神需求是菲利斯坦人的特质之一。由我在书中提过的原理，“没有真正的需求也就没有真正的快乐”可以得出这样结论：第一点，菲利斯坦人本身并没有感受源自精神的乐趣。他的存在驱动并不是追求知识的和探索真理等强烈欲望，也没有热切希望享受对知识、真理的追求密切相关的真正的美。但如果这种快乐不由他们选择，时尚或者权威把这一类快乐强行施加给他们，那他们也会像服强制苦役般应付了事。在他们看来，真正的快乐只能源于感官的快乐，除此之外再无别处。他们最高境界的生存代表就是牡蛎和香槟。获得所有能为他们带来身体上安逸和舒适的东西是他们生活的目的。

为这些事情再忙碌，他们也是快乐的。假如你一开始就把这些他们一心所求的东西大量提供给他们，他们就会不可避免地陷入无聊之中，而为了对抗无聊，他们是无所不用其极的：舞会、社交、看戏、玩牌、赌博、饮酒、旅行、马匹、女人等等。但无聊仅靠这些是不足以赶走的，缺少了精神的需求，那么来自精神的快乐又怎么可能轻易出现。所以，他们的一个共同的奇异特征就是：他们都有一副呆滞、干巴巴的一本正经和严肃表情，就像动物的表情一样。任何事情能使他们愉快、激动，能够勾起他们的兴趣。但是有感官带来的乐趣很快就会烟消云散。在充满菲利斯坦人的社交聚会，只会更快地变得乏味无聊，连“派对之王”纸牌游戏到最后也变得令人厌倦。但是不论最后剩下什么，它们中一定包括了这些人的虚荣心。他们抱着自己的虚荣心体会着各自的乐趣：他们竭尽全力攫取财富或者谋求更高的社会地位，或者通过获得权力和扩大影响力来胜人一筹，并借此获得他人对自己的尊崇。又或者，他们至少会追随那些拥有上述本事的人，以沐浴在这些人身上折射出来的光辉之中。根据我们总结的这些菲利斯坦人的本质，可以得到第二点：因为菲利斯坦人对他人没有精神上的需求，而只有身体上的需要。所以，在人际交往中，它们只会寻求能够满足它们身体需要的人，而不是精神需求的人。所以在对外界的所有要求中，对他们而言最不重要的就是精神思想方面的要求了。但是一种源自他们内心的可憎的自卑感以及呆笨的、不为人知的嫉妒心让他们在看见别人具有突出的精神思想时产生反感，甚至憎恨。他们小心翼翼地掩饰着，甚至对自己也是这样。但是这种嫉妒心有时候也会反击，让他们在私下里苦涩和愤怒。因此，值得尊崇和敬意的卓越精神思想在他们眼中一文不值，反而一心一意去捧着那些拥有地位、财富、权力、影响的人，在他的眼中这些东西才是真正优越的东西，值得他们予以足够的敬意。在这些方面高人一等也就成了他的愿望。这是因为他是一个没有精神需求的人。

菲利斯坦人的巨大悲哀就在于任何思想方面的内容都无法让他们愉快。他们用现实性的事物来帮助他们逃避无聊，但是现实性的东西可以被穷尽，而无聊却是无穷无尽的。一旦物质快乐不再存在，他们只会更加无聊和厌烦。现实性的东西会引来更多祸殃。精神上的东西本身既无邪也无害。

怎样的个人素质、禀赋能给人带来幸福呢？我主要关注的是体质和智力上的素质。而且我在我的关于道德的基础的获奖论文[①]里面谈论过人的道德素质以何种方式直接地给人以幸福这问题了。因此，我推荐读者阅读那篇论文。

① 指《论道德的基础》（1840年）。

第三章　人所拥有的财产

财富如海水，越喝越口渴

人的需要被伟大的“幸福论”教育家伊壁鸠鲁归纳为三类。第一类属于人的天然的和迫切的需要，此类需要如果不能获得满足，就会让人痛苦。当然这一类需要就是食品和衣物等生活必需品，它们比较容易得到满足。第二类需要同样是天然的，只是它不是迫切的。那就是对性欲的需要，尽管在《赖阿特斯的报道》中，伊壁鸠鲁并没有明确地说出这点需求（在这里我更清楚、更完整地表述了他的学说）。这一类需要的满足比第一类需要困难一些。第三类的需要不是天然的，也不是迫切的，它是对奢侈、铺张和辉煌等虚无内容的需求。这些需要无穷无尽，要满足这些需要也非常困难。

不同的人在拥有财产方面能否得到满足是不同的，所以也不存在一个绝对数量的财产去满足他们对财产的需要。在财富攫取量上，要我们给出一个合乎理智的愿望限度是一件很困难的事情。这种满足取决于一个相对的数量，是由一个人所期待得到的财产量和自己已经实际拥有的量之间的关系决定。所以，仅仅考察一个人已经拥有的财产量是没有意义的，这就相当于在计算一个分数时，只计算分子而不计算分母一样。个人是不会对那些还没有进入他生命的东西提出要求的，他也不会觉得自己对它有所欠缺，即便没有这样的东西，他的生活也不会有什么改变。但是如果一个超级富豪看到了一个他自己没有的东西，求而不得，就会闷闷不乐。每个人都有他的视线范围，这个范围对于他来说是有可能得到满足的要求，他的要求不会超出这一视线范围。在他的视野范围内出现一件他想要得到，也确实可以得到的东西，他就会很幸福，但如果这件东西在他的视野范围内，但是即使他再想得到也没有办法得到时，他就会感觉不幸、痛苦。当然，在他视线范围外的事物是不会对他产生影响的。这也就直接解释了为什么穷人虽然得不到巨大的财富但是不会焦虑不安，而富人在计划落空的时候，不管他已经拥有如何巨额的财富，他仍然会痛苦难耐。财富如海水，越喝越口渴。

名声也和财产一样，当财富或者安逸抛弃我们之后，当我们对最初的阵痛已经不再耿耿于怀后，我们此时的心境与原来相比较，并没有产生巨大的改变，原因就是当我们的财富减少后，我们会不自觉地相应降低我们的要求。当这种不幸砸到我们时，适应这种变化会痛苦万分，但当我们适应这种变化后的状态时，痛苦也就会慢慢变淡了，到最后甚至不觉得这种变化让我们痛苦了，时间让伤口得以愈合。相反，如果我们遇到好运，那么我们的期望就会膨胀起来，在这过程中我们就会觉得快乐距我们如此近。可惜是这种快乐却不能持续。当全部完成这些过程后，我们已经对扩大了的要求范围习以为常了。并且，面对新的要求，我们会对已经拥有的东西不以为然。荷马在《奥德赛》的第十八节所表达的与我这里所说的意思是一致的。这一节最后的两行是这样的：

凡夫俗子的情绪飘忽不定，
就像神、人之父所赐予的日子。

我们之所以会不满足，是因为我们在不断试图提出更高、更多的要求，但与此同时，促成我们成功的条件和因素却保持不变，并未有所增加。

我们丝毫不觉得人类对财富的尊敬甚至崇拜是奇怪的，因为人类就是这样一个贪得无厌、充满需求的物种。即使人们争先恐后地追逐权力，也只是把权力作为获取财富的工具。更不值得惊奇的是，人们为了攫取财富，他们可以抛开一切，可以推翻一切。比如，在一些哲学教授手中，哲学就可能得到这样的下场。

人们把金钱放在了愿望的首位，金钱胜过一切，同时，他们又为此受到责难。但是我们也要承认，热爱金钱是人们天性使然，这是不可避免的。金钱就像不知疲倦的普鲁特斯[①]，时时刻刻都准备成为我们那不断变化的愿望和无休无止的需要所要求的物品。每个物品对应其可以满足的需要，比如食物可以满足饥饿之人的需求，佳酿可以满足嗜酒者的需要，药品可以满足病人的需要，毛皮可以满足过冬者的需要，女人可以满足男人的需要，等等。因此，它们都只是"服务于某一特定需要的东西"，它们的好处是单一的、相对的。只有金钱可以以一己之力满足众多需求，它是多样的、绝对的。

我们所用的财富应该作为抵挡随时可能发生的众多不幸和痛苦的挡箭牌，而不是我们奢侈浪费的许可证，寻欢作乐可不是我们的义务。一个拥有某种天赋才能的人，凭借他的天赋获得了可观的金钱，他不再一文不名。此时他可能会有这样的错觉：只要自己的天赋还在，自己就有永不枯竭的本金。这种错觉也会让他把挣到的钱都全都花掉而不会给自己留下更多的本金。这样的人最终唯有贫困收场，他们没有意识到，他们的天赋不是永恒的，只能维持一小段时间。比如，几乎所有从事优美艺术创作的人的天赋才能都有枯竭、耗尽的时候。或者，他们挣钱的本事需要以某种环境和某种风气为条件。假如这种环境、风气消失了，他们

① 普鲁特斯：希腊神话中变幻无常的海神。

的钱财收入也就灰飞烟灭了。手工业从业者当然不用考虑上述情况，他们尽可以花钱如流水，有花就有赚，因为他们挣钱的能力不会轻易丧失，他们的独特手法让他们避免被助手、帮工所取代。而且，由他们所生产的产品是大众需求的物品，所以销路广阔。所以人们才会说："掌握一门手艺，就是拿到了一个金饭碗。"不同种类的艺人和艺术家遭遇的不幸也是不一样的。因此，优厚的报酬对他们来说恰如其分。他们所挣得的金钱本应该作为他们继续发展的本金，可是他们却只把它作为天赋所带来的利息。这样，他们就滑向了贫穷的深渊。与他们相比，那些继承先辈财产的人起码能明确地知道哪些是本金、哪些又是利息。所以，这些人之中的多数人会竭力地保证自己的本金不受损失。事实上，如果他们的利息足够应付开销的话，他们至少会把利息的八分之一转化为下一轮的本金。也正因为这样，他们大多数人的财产会越来越充裕。当然这里所说的原则并不适用于商人，对商人来说金钱本身就是攫取更多金钱的手段，是他们生财的工具。因此，尽管获得这些金钱是很辛苦的，但他们仍然不忘以最优方式合理支配这些金钱，以确保本金会逐步增加。因此，比起任何别的阶层的人，商人往往更懂得如何运用金钱来获得更多的金钱。

人为何不能太穷？

在通常情况下，那些从匮乏和贫穷中挣扎过的人，都已经对贫困免疫了，因此他们往往更容易变得奢侈豪华。这是比较那些只是听说过贫困的人而言的。前者包括那些遇到好运，或获益于自己的某一特长，从而摆脱贫困奔小康的人，后者包括出生并成长于家庭富裕的人。后者的眼光更为长远，因此他们的生活反而比前者更为节俭、自律。所以我们有理由得到这样的结论：贫穷并没有我们想的那样糟糕。当然，我们不排除产生这种结果的真正原因或许是那些出生于富裕家庭的人把财富视为生活中必不可少的东西，是唯一构成生活的要素，如同生命离不开空气般重要。因此，对他们而言保护财产就是保护他们的生命，二者一样重要。所以他们通常都认真仔细、谨慎小心、勤俭节约。与他们相比，世代贫困之家出生的人却早已视贫穷为空气，这是理所应当的事情。即使他们可以继承一部分财产，他们也将之视为负担，只能用来享受和挥霍。一旦这些财富挥霍完毕，他们又回到他们原本贫穷的生活轨道上，而且这样的生活对他们来说还免除了一样烦恼哩！这就像莎士比亚说的那样：

> 乞丐一旦跨上了坐骑，就非得把马跑死为止。
>
> ——《亨利五世》

当然，这种人对自己的运气和能力永远都是信心坚定的，这两者可以帮助他们摆脱贫困，从此走上人生巅峰。只不过他们的信心只存在于心里，脑子里是没有备份的。他们不同于出身富贵的人，他们眼中的贫困并不是无底的泥潭，在他们的想法中，只要自己用力蹬上几脚，就可以好风凭借力，直上云霄。这样的人性特征可以用来解释为什么穷人家的女儿在出嫁后往往比富家女更奢靡。因为出身富贵的女子在出嫁时不仅仅带了钱财，相比于穷家女，他们还保有一种热烈的、得之于家族传统的保护财产的愿望。当然，那些与我持相反意见的人们，你们可以在阿里奥斯图的第一首讽刺作品里找到支持你的观点的权威说法。可惜约翰逊博士[1]却支持我的意见："一个习惯于处理钱财的有钱女人，会小心翼翼地花钱。但一个在结婚以后才首次获得支配金钱权力的

① 塞缪尔·约翰逊（1709—1784）：英国诗人、评论家、传记作者、散文家和辞典编纂者。

女人，会在用钱的时候大胆妄为，她简直就是大肆挥霍。”（《约翰逊的一生》，博斯威尔著）无论如何，我都要奉劝那些娶贫穷女子为妻的人，你可以给她们一部分利息，但是千万不要让她们继承本金。你尤其需要注意，万不可把孩子的财产继承权托付给她们。

我在提醒人们小心地保存挣来的或者继承下来的财产。我认为这样做并非没有用的，我的笔也不会用来写些毫无价值的东西。如果一个人有足够多的财产来让自己不用劳作就可以获得安逸的生活，享受真正独立自足的生活，那这份财产真可谓是一份弥足珍贵的条件。如果他能借此摆脱人生的匮乏和操劳，免受世间苦役的折磨，那么他可以说已经在这尘世得到了解放。只有得到命运如此怜爱和眷顾的人，才是得到了真正的自由。他们才是自己的主人，他们才能随意主宰自己的时间和力量。每天早晨他都可以自豪地说：“今天只属于我。”正因如此，一个拥有一千塔勒年金的人与一个拥有十万塔勒年金的人相比较，两者之间的差别远远少于前者与一个一无所有的人之间的差别。如果一个致力于精神生活的人，得到了一份巨额家族财产，那么他可以说是最幸运的人了。他不用埋头于挣钱维持生计，他只需要让这笔钱发挥它的价值，为自己的天才而活就可以了。他能够做别人不能做的事情，创造基于大众事业且又能让自己获得成就感的产品。他用这种方式千百倍地补偿自己对世人的债务。和他一样拥有万贯家财的人，虽然不能像他一样发挥独有的天赋造福人类，却可以通过从事慈善事业为人类奉献自己的爱心。相反，如果一个人拥有了这样财产，但是他既没有像上述二者一样以自己的方式为社会做出相应的贡献，他也没有研究一门学问以推动这门学科的发展，那么，我们就可以判定这个人就是一个可耻的社会寄生虫。幸福从来不会垂青这种人，因为他们虽然凭借金钱免除了贫穷，但是他们的状态只会把他引至人生的另一个痛苦极端——无聊。对于他来说，贫困的生活或许更加幸福，起码可以让他有事可做。百无聊赖、无所事事的生活状态很快就会把他拖进奢侈挥霍的泥潭，这样优越的条件他不配享受。许多有钱人把他们的金钱挥霍殆尽，最后沦为穷人，这样做就是为了从让他们窒息的无聊中谋求片刻的喘息之机。

赤贫也许是优势

但如果我们的目标是要在公职服务谋求高位，那则是另外一件事了，因为为了达成这个目标我们必须赢得朋友、获取关系并时时刻刻受到别人的青睐，我们只有这样才能获得逐级晋升的机会，直至身居高位。如果考虑这种情况，那么还是一文不名地出生在这个世界上更好。尤其是那些没有显赫身世，却具备了一定才华的人。如果这个人是一个一无所有的穷人，那穷困反而是他的一个优势，他也可能因此获得别人的帮助。因为我们都习惯去寻找别人的短板——这不仅体现在人与人之间的谈话里，在国家公务事业方面更是如此。只有穷人才会对自己全面的劣势有清晰地认识，才会明白自己的无足轻重和毫无价值。也只有达到这样的贫困程度和认识水准，他们才会在任何情况下向别人弯腰九十度致意。只有这样的人才能忍受一切艰难，并时刻保持和煦的微笑。他们明白自己所做的一切都是毫无价值的，他们用尽量高的嗓门或者用粗俗的黑体字，公开吹捧劣质的文字。而不用怀疑，这些文字出于那些地位高于他们、财富多于他们的人，他们只会在这些人面前摇尾乞怜。因此，他们在青年时期就已成为践行下面这一不为人知的真理的人——这一真理由歌德通过这些字句向我们展示了出来：

任何人都不要抱怨卑鄙和下流，因为
在这世上只有卑鄙和下流才是威力无比的。

相比之下，那些从一开始就含着金汤匙出生的人，却大多不服管教。高视阔步是他们一贯的姿态，为人处世的艺术他们一窍不通。或许他们有幸具备某样能引以为傲的才华，但他们应该认识到这些才华在溜须拍马面前根本不值一提。最终，他们会寻找那些比自己位置更高的人，找出这些人的短板。此外，如果他们不幸遭到别人的侮辱或者遇到一些令人愤慨的事情，他们就感到羞愧、茫然和害怕。这显然不是在这个世界上生存的办法。他们不应该这样，他们应该像伏尔泰那样勇敢地说："我们在这世上时日不多，不值得在可鄙的坏蛋的脚下爬行。"不过可惜的是"可鄙的坏蛋"这一词适用于这世上的很多人。因此，才有了尤维纳利斯[1]的诗句：

在局促狭窄的屋子里，无从施展，
要昂首挺胸已经非常困难。

更适用于艺术表演的职业，而不大适用于其他世俗、钻营的人们。

在“人所拥有的财产”这一章里，我把妻子和儿女排除在外，因为不是一个人拥有妻子、儿女，而是妻子、儿女拥有他。一个人的拥有物里面反倒更应该有朋友，但甚至在这问题上，拥有者也还是在某种程度上成为别人的拥有物。

① 尤维纳利斯（约60—约140）：古罗马讽刺诗人。

第四章　人所展现的表象

我们为何钟情于谎话

我们的存在于他人心目中的形象即我们所展现的表象，其实我们经常是过分看重它的，这是我们人性中一个特殊弱点导致的，虽然稍作简单的思考我们就会明白，别人对我们的看法对我们的幸福其实没多大联系。

因此，很难解释清楚为什么每一个人都希望留给别人一个好的评价，好像得到别人一个好的评价对于他就是一个天大的褒奖。其实这不过是自己对自己虚荣心的安慰。爱抚一只猫时，猫会发出开心的声音。人也一样，别人赞扬你时，愉悦之情满满地写在你的脸上。只要某种赞扬不超过一个人所期望的范围，那么，尽管他人的赞扬明显言过其实，被赞扬的人仍然会很高兴。尽管他们可能遭遇了真正的不幸，或者人生中阻碍幸福的两个主要来源都出现在他们的生命中，但他人的赞许仍会让他们忘记周身遭遇，给他们带来些许的慰藉。

令人惊讶的是，无论在何种情况下，如果他们想获得别人好评的雄心受阻，或者当他们受到别人轻视、怠慢时，他们会难过、伤心，往往还会感受到深刻的创痛。只要这种特殊的人性之上还有荣誉感存在，那么，它就会代替道德，就会有效地帮助很多人做出良好的行为。但是，从人自身的幸福角度而言，尤其是对于与幸福密切相关的平和心态和独立自主而言，这种荣誉感更大程度上会产生出不良的影响，而非有益的作用。因此，为了增进幸福，抑制这一人性弱点是非常重要的，应该合理有度地评估它的真正价值，尽量减少我们对待别人评价的关注度，不管别人对我们是赞扬还是批判，我们都应淡然处之，因为这两者在本质上是一致的。否则，人们就只能沦为他人的意见的奴隶：

使一个渴求赞语的人闷闷不乐或者兴高采烈的话语，
却是多么的无足轻重！

——贺拉斯

认清自身价值和合理应对他们对自己的评价，对我们获得幸福大有裨益。我们生存时间所包含的全部内容，我们生存的内在成分，以及我们在“人的自身”和“人所拥有的财产”这两章里所讨论过的各种好处都只存在于我们自身中。所有这一切都作用在我们的头脑意识里，但是别人对我们的看法只在别人的头脑意识中产生效果，它是多种概念性的东西混合后在别人头脑中形成的表象呈现出来的状态。所以，别人的看法对于我们来说不会直接对我们造成影响，别人对我们行为的这些看法不会影响和支配我们的行动和思想。只有当别人的看法对一个可以影响到我们的事物产生影响时，别人的看法才应该纳入我们思考的范围。此外，别人想什么或者他们怎么看我们的，对我们来说都不是问题。而且我们很明显地明白，多数人头脑中充斥的只不过是肤浅的思想和可以忽略的念头，他们和常人一样，目光狭窄，情操低劣，他们的见解充满谬误，他们的价值观是非不分。

当我们认识到他们不过如此时，我们是不是也就可以对他们的评论淡然处之了。而且从我们自身的经历就能够明白，一旦某人不再提防别人，或者当他确信自己的观点不会被所议论的人的听到时，他就会肆无忌惮地以轻蔑的方式议论别人。此外，只要我们听到一些愚昧之人用轻蔑的口吻议论最卓越、伟大的人时，我们就越是对他们的看法释怀了。我们听他们的议论都算是抬举他们了，何必还要在意他们评论的内容。

无论如何，如果一个人不是通过之前讨论过的自身内在和外在财富获得幸福，而只是通过第三项来感受，那他并不从自己的真正自我，而是从别人对他的看法中寻求满意和快感，受制于人的他，没有得到真正的幸福，是相当不幸的。本质上来说，我们的动物本性是我们存在的基础，也是我们幸福的基础。因此，对于我们的舒适最重要的是健康，其次就是维持生存的方法，即不用操劳而获得财富。尽管这些很多人视荣誉、地位为价值非凡的事物，但他们还不能够和关键性的好处比肩，更不可能取代它们。在必要的时候，前两项的好处甚至完全值得我们不容置疑地舍弃第三项好处。

因此，了解下面的观点，会增加我们的幸福感知：每一个人首先是并且事实上确实是寄居在自身的皮囊里，而非活在他人的评价之中。因此，我们受到健康、性情、能力、收入、女人、孩子、朋友、居住地点等诸因素影响的现实个人状况，比别人对我们的肤浅的评价更能决定我们的幸福。人们不幸的人生往往就是与此相反的错误观点造成的。如果有人说“名誉高于生命”，就相当于说，“人的生存和安适是无足轻重的，他人如何看待我们才是最重要问题”。当然这只是一个夸张的说法，它赖以成立的基础是：要在这人世间安身立命，名誉对于我们经常是绝对必需的，也就是说我们也要关注他人对我们看法。这一点我们稍后会论及。

但是在现实中，我们看到的人多是一辈子奋斗不息，历经千锤百炼就是为了让别人在论及自己时刮目相看，给自己竖起大拇指。本质上，人们对头衔、官位、财富还有勋章的追求，其首要目的也是赢得别人的敬意，甚至人们通过刻苦学习，掌握艺术、科学，本质上也有同样的目的。所有这样认为的人，只能向我们证明他们的愚昧已经达到多么令人发指的程度。而恰恰把别人的评价看得太过重要是我们所有人都可能犯的错误。我们的本性中或许隐藏着这个错误，又或者，它是伴随着社会和文明的发展而产生的。无论如何，我们的行为和事业都受到了它巨大的影响并且它已经阻碍了我们追求幸福的道路。这样的例子不胜枚举：从惊恐、奴性地顾忌“别人将会怎么说呢？”一直到古罗马护民官维吉尼斯插向女儿心脏的剑都可以成为例子。一些人为了身后的荣誉，不惜舍弃个人的财富、健康、安宁，甚至生命。这一错误观点为那些要统治别人或者驾驭他人的人提供了便利条件。所以，在训练经理人采用的所有方法中，加强和培养成员荣誉感的方法无疑是首要的方法。但幸福才是我们的目的，幸福与荣誉完全是不同的。我再次提醒人们不要切莫太在意别人对自己的评价。

可惜日常现实显示，别人对自己的评价依然被很多人视为最重要的事情，在他们眼中，别人对他们的评价甚至超过了他们自身的意识以及一切和自己相关联的事物。如此一来，他们就把自然的秩序本末倒置，别人的看法主宰了他们的存在，而自己意识中的内容反倒沦为了附庸。派生物和次要部分被他们看作首要的事情。他们在别人头脑中的印象比起自己得以存在的根本更令他们牵肠挂肚。这种把不是我们存在所必需的事物当作必须事物的做法是无比愚蠢的，我们给这个想法起的名字为虚荣，以表明这种渴望、努力的本质不过是虚幻和空洞。同样，从上面的论述可以明白，这种虚荣顾及了手段却忘记了目的，它和贪婪是一丘之貉。

现实中，我们对于他人看法的关注，以及我们在这一方面的忧虑，一般都是过度的，我们甚至可以把这视为一种随处可见的，或者更准确地说，是人类基因中带来的一种疯狂。我们是否要做某件事情，首要考虑的几乎就是他人的评价。只要我们留心生活就可以看出，生活中的忧虑与压力，半数以上来自对他人看法的忧虑。我们那容易病态般的敏感、受伤的自尊心和所有虚荣、自负、炫耀的基础就是对别人的看法。一旦不再过分关注他人的看法，那对奢侈、排场等虚荣的要求十之八九马上销声匿迹。形形色色的荣誉、骄傲，虽然内容和范围各不相同，但却都建立在对他人的评价这一基础之上。它们要求人们做出的牺牲是巨大的！

在童年时期，我们就可以看到荣誉感存在，在接下来的青、中年时期，名誉、骄傲等变得更加凸显；但到了老年阶段，这方面的需求就显得更为强烈，生命的年轮到达老年阶段，人们凭借感官享受乐趣的能力已大为减弱，虚荣和自大裹挟着贪婪一路浩浩荡荡瓜分了统治的地盘。我们可以在法国更明显地感受到虚荣心的存在，因为，法国人的虚荣心有浓厚的地方特色，他们的虚荣心，往往会衍生出离谱的野心、可笑的民族虚荣和不知廉耻的吹牛。但这样的做法反而使他们的目标总是落空，法国人也因此成了其他民族茶余饭后的谈资和笑料，“伟大的民族”这一绰号也由此越来越广为流传。我们举一个明显的例子，借此展现那种关注别人看法的行为所具有的反常本质。

拔除引发痛苦的“肉刺”

在此，适当的人物和当时的环境互相结合，就可以强烈地反映这种根植于人性中的愚蠢，因为这让我们明白这种非比寻常的行为动机所具有的强度。下面这一段文字源于1846年3月31日《泰晤士报》上一篇关于对托马斯·韦斯执行死刑的报道。作为一个手工制作学徒的托马斯·韦斯，他的师傅被他报复性谋杀了，“在执行死刑的那天早上，监狱牧师很早就来到犯人的身边准备为他服务。韦斯举止安静，没有表露出对牧师劝告的丁点儿兴趣，相反，他心里唯一惦记着的事情，就是怎么样在那些前来目睹他结束自己可耻一生的看客眼前，尽可能表现出勇气，壮起胆子。他完美地达成了自己的目标。在韦斯步行穿过大院向在监狱里搭起的绞刑架走过去的时候，为了让旁人能够听到，他高声发话：‘啊！正如多德博士所说的，我很快就要知道那一个伟大的秘密了！’当时，他被绑着臂膀，但他不用别人的搀扶就迈上了绞刑架的梯子。走上梯子以后，他向左、右两边方向朝观望者鞠躬。聚集在下面的人群对他的鞠躬立即报以雷鸣般的赞许声。”这可真是一个完美的例子：一个人已经可以看见那令人畏惧的死亡了，此刻过后，将是那漫漫无涯的永恒。但此时，他没有关注自己及自己的命运，只是一心一意地想把自己的形象在那群凑热闹的乌合之众中留下！同年，一个法国伯爵因试图谋杀他的国王而被判处死刑。在审判过程中，他唯一担忧的事情是能否穿戴整齐，体面地出现在元老院。到行刑的时候，他忧心忡忡地为能否获准刮胡子担心着。在从前，与这种情况并没有什么不同，这点我们可以翻看马迪奥·阿莱曼[①]他的著名小说《古斯曼·德·阿尔法拉契》所写的引言。在这本书的引言中我们会发现：许多迷惘的罪犯在生命的最后时刻，不是把这些时间用于拯救自己灵魂上，而是花在撰写和默记一篇简短的准备在绞刑架上演说的演说辞上面。从他们的身上，我们可以看到自己的影子，因为例子越是极端往往越能清楚地说明事实。在大多数的时候，我们的忧心、烦恼、操劳、愤怒、恐惧等负面情绪确实与别人对我们的评价相关。我们所有的做法都和例子中那些可怜的罪人们在生命最后时刻的所作所为同样荒谬。我们的嫉妒和憎恨也大都出自这一根源。

---

① 马迪奥·阿莱曼（1547—约 1614）：西班牙小说家。

很明显，要增进我们依赖平和与满足心情的幸福，恐怕没有比限制和减弱人的这种冲动更好的办法了。我们应该把它限制在或许只是现在程度的五十分之一，这样一个理智的程度。那我们也就从肉里拔除了这永远作痛的荆刺。不过这是很困难的：因为这与我们某种与生俱来的反常本性有关。塔西佗[①]说："名声是智者们最后才放弃的东西。"（《历史》第4，6）唯一能杜绝这种普遍的愚蠢做法的办法就是我们可以清晰地认识到这种做法的愚蠢性。为达到这个目的，我们必须明白：我们的认识和见解，绝大部分都是不靠谱的，甚至是是非不分的。因此，不值得我们如此重视它们。此外，在通常情况下，他人的评价并不会对我们造成直接的影响。再进一步说，悦耳动听的一定不源自别人的意见，听到他们在背后用一种语气评价一个人，那他几乎肯定会非常生气。

最后，我们要明白：即使是名誉本身所具有的价值也是非直接的。当我们终于得以摒弃了这一普遍的愚蠢做法，那我们内心的安宁和愉快就会令人难以置信地增加。同样，我们将变得自信、踏实和真实，我们的行为举止和情感态度也会变得更加随性自然。我们不用生活在别人的视线里，隐居生活使我们的心绪得以宁静。这样，我们就可以做回真我，而用不着时刻

① 塔西佗（约55—约120）：古罗马历史学家，以历史著作名垂千古。

担心别人对我们的看法、评价。同样，我们就可以借此躲过无数真正的不幸。拼力追求别人不可救药的愚蠢想法这种纯粹意识领域的东西，最终它会把我们引入不幸的深渊。我们会花更多的时间关心我们拥有的那些现实的好处，且不受干扰地享受它们。不过，正如这一句希腊文所说的那样 ：“高贵的也就是难以企及的。”

这一源自人类本性的愚蠢衍生出三根主要芽条 ：争强、虚荣和骄傲。虚荣和骄傲的不同在于 ：骄傲就是确信自己拥有某一方面的突出价值，但虚荣则尽力让别人确信自己拥有某一方面的突出价值 ；在通常情况下，伴随着虚荣的是这样一个隐藏着的想法 ：通过唤起别人的确信，使自己确信自己真的拥有这一份价值。因此，骄傲是由本心生发的、直接的自我敬重 ；而虚荣则是外在的、间接的，并试图通过努力获得自我敬重的心理。因此，虚荣的人往往是健谈的，但骄傲的人往往不屑开口。但是，虚荣的人应该明白一个道理 ：要想自己梦寐以求的别人高度的评价成为现实，那么即使他能够舌绽莲花，也要适当保持沉默，而非夸夸其谈，这样他将更加容易和更有把握地实现目标。任何人都不是想骄傲就能骄傲得起来，他最多只能演绎成骄傲的样子。不过，正如任何扮演某一虚假角色的人最终会显露原形一样，他同样很快会露出马脚。因为只有对自己的突出价值和非凡才能有一种源于内心的、坚毅的和百折不挠的人，才可以成为真正骄傲的人。如果这一确信是真正、确实存在的，那么即使这一确信或许不对，或者，这一确信只是基于一些缥缈的优点，但这对于一个人的骄傲也是无关紧要的。正因为骄傲源于确信之中，所以，骄傲就像一切不存在于我们的主观随意之中的知识。虚荣是骄傲的大敌，是它的最大的阻碍。虚荣的人只是博取他人的好评，以借此建立起对自己的良好评价，但对自己有一坚实的良好评价却已经是骄傲的前提条件了。

人们抨击和诋毁的对象往往就是骄傲，我怀疑这些抨击和诋毁首要来自那些并没有什么值得自己骄傲的人。无论哪一个人，只要他具备某一方面的特长，就要把自己的特长刻在心里，以此来应对大多数人的恬不知耻和傲慢无知。如果一个人善意地忽略自己的特长，在看待自己和他人时一视同仁，那么，他人就会公开坦白地认定他就是这个样子。我把上述这点意见特别推荐给那些具备最高级特长的人，就是那些具备真正独一无二特长的人，因为这些特长并不像勋章和头衔那样时时刻刻地影响感官来让人们牢记它的存在。否则，“蠢猪反过来教导智慧女神”（西塞罗）的例子就会在现实生活中上演。阿拉伯有一句了不起的谚语：“跟奴隶开玩笑，奴隶就会对你不屑。”贺拉斯也说过一句话：“你必须强迫自己接受应有的骄傲。”蠢人发明的唯一一项聪明的话就是——谦虚是美德。蠢人们巧妙地利用这一说法，把每一个相信这句话的人们都拉到与他们相同的水平线上。这样做直接导致了这世界上充满了傻瓜。

民族自豪感是最廉价的骄傲。只有缺乏个人的、能够引以为豪的个人素质的人，才会标榜自己具有民族自豪感。如果不是这样的情况，他也不至于抓住那些为数百万人所拥有的东西引以为荣了。具备突出个人素质的人会更加明了地看到那些时刻暴露在自己眼前的自己民族的缺点，但那些没有一样值得自己骄傲的蠢人们只有为自己所属的民族喝彩了。由此他获得了精神上的补偿。所以，他的内心饱含感激之情，甚至准备不惜以“牙齿和指甲”去捍卫自己民族所特有的一切缺点和愚蠢。德国人不崇尚民族自豪感，他们为人赞赏的诚实就是最好的证明。但是，其中那些假装为德意志民族感到骄傲的“德意志兄弟”和民主党人却滑稽可笑，他们恰恰是最不诚实的。他们用奉承和恭维引诱德国人民步入歧途。他们甚至说德国人才是发明火药的人，当然我可不会赞同这恬不知耻的观点。利希腾贝格[①]提出过这样一个问题：“为什么没有多少人会去冒充德国人？如果一个人想提高身份，一般他会宁愿冒充法国人或者英国人。这是为什么？”此外，比起国民性，一个人的独特个性更应受到千百倍的重视，它远胜国民性。国民性涉及的是大众，它并没有值得称道的地方。所谓的国民性不过就是一个国家的

---

① 利希腾贝格（1742—1799）：德国物理学家兼讽刺作家。

大众以某种形式表现出狭窄、反常和卑劣的特性。我们无休止的称赞一个国家的民族性，直到我们厌倦后再换下一个国家。每一个国家都会去嘲笑别的国家，而他们的全部嘲笑都是正确无误的。

我们在这一章所讨论的话题是我们在他人眼中的表象，可分为荣誉、地位和名声三部分。

在大众和菲利斯坦人的眼中，没有什么能比地位和头衔更加重要。它们是国家机器运转的坚实基础。但是它们对于实现我们增进幸福的目的而言，作用就太过渺小了。社会地位的价值是世俗常规的，虚幻缥缈的。它存在的作用就是为了得到别人虚假的尊敬，完全就是为普罗大众而上演的一部恶俗电影。勋章就相当于汇票，它提取的是大众的看法，它的价值由汇票签发者的信誉而定。勋章的颁发前提是必须公正、有选择性地进行，它除了代替金钱酬劳、为国家节省大量财政开支以外，还是一种相当实用、妥当的安排。大众除了长有眼睛和耳朵以外，就再别无其他。他们不仅缺乏判断力，而且记忆力也不强。人们做出的很多贡献和达到的成就完全超出了他们的可接受范围，某些成就和贡献在当下瞬间会被他们羡慕并获得他们的喝彩声，但没过多久，这些东西就会在他们的记忆中荡然无存。勋章本来的作用是通过十字或者星形时时刻刻地向着大众呐喊：“这些勋章的佩戴者和你们并不一样，他是做出过贡献和成绩的！”但是由于过滥和无选择地颁发勋章，勋章的价值也就由此不负荣光了。因此，勋章的颁发应该慎重地进行，就像犹如商人在汇票上签名一样。十字勋章上所刻的话是画蛇添足的废话，每个勋章都应该是“Pour le mérite”[①]的，这是不言而喻的。

① 法文，“奖励功绩”的意思。

荣誉的本质

比讨论地位、头衔复杂和困难得多的是讨论荣誉。我们这样定义荣誉：荣誉就是外在的良心，而良心就是内在的荣誉，那这个说法或许能够使很多人得到满足。但这种解释华而不实，不够透彻明了。所以，我认为，客观来讲，荣誉是他人对我们的价值的看法；主观来讲，则是我们对于他人看法的顾虑。考虑到荣誉的主观特质，我们会发现它常常给注重荣誉的人带来不是纯粹道德方面某种有益的影响。如果一个人没有荣誉感和羞耻感，那么，这个人已经彻底堕落。他不会珍视前者。荣誉感和羞耻感的根源如下。只有寥寥可数的事情单独的个人能够做到，单独的个人只是一个被抛弃在荒岛上的鲁滨逊。只有生活在与其他人组成的群体里，他才能做成一些事情。人的意识发展以后，才能认识到自己所处的环境。一旦认识到这样的处境，他就会产生希望被别人接纳为这个群体中的一个有用成员，一个有能力承担自己的男人义务的人，并由此能有资格去分享由群体所带来的好处的愿望。只有做好每一个人都需要做好的事情，他才能成为这样的人，此外，他需要完成处于他那独特位置上人们所要求他和期望他做好的事情。但同样，他很快就意识到关键问题并不是他认为自己是一个有用的人，而是他人是否也同样认为。他无比珍视别人对自己的良好评价，他热切的愿望就是由此而来。这两者都源自人的“名誉感”和“羞耻感”。当一个人知道自己马上就要失去他人的好评时，尽管他清楚自己是清白无辜的，或者他犯下的过失并不严重，但他还是脸红了，这正是名誉感或羞耻感使然。另外，确定得到别人的好评往往会增强一个人的生活勇气，因为这些好评其实是对他承诺：大家会联合力量给予他支持，凭借这堵强大的保护墙，他就可以在对抗生活中的灾祸和困难时占有很大的优势。

人与人之间有着错综复杂的关系，一个人要在这么多方面的关系中获得别人尽可能多的信任，即获得别人对他好的评价。由此就会产生种类繁多的荣誉。人际关系首先就是你、我之间的关系，接下来就是履行承诺的关系，最后就是男女两性间的关系。与这些关系相对应的就是公民荣誉、政府官员的荣誉、男性荣誉和女性荣誉。每种荣誉又可更加细分。

涵盖的范围最为广泛是公民荣誉，它的前提是：我们尊重每个人的权利是无条件的，因此，我们必须运用公正和合乎法律要求的手段实现自己的目的，谋取自己的利益。这是人际关系和睦的条件。一旦有违上述前提的行为被我们做出且遭受了公正的判罚，那么公民荣誉就弃我们而去了。总之，荣誉的根据就是一个人的道德性格是不会改变的。所以，一个人做出一次恶劣行径，就可以确切表明：一旦同样的情况再次出现，这个人接下来的动作也必然会和上次相同。英语的character（性格）一词就可证明这一点。character一词也表示荣誉、名声的意思。因此，除非是因为某种误会失去，否则荣誉是不可以复得的。比如，是由于来自他人的诽谤或者人们基于假象做出了模糊的判断。也正是因此，法律才去不遗余力地对付诬蔑、侮辱、匿名诽谤文章，因为没有可以陈述的根据的侮辱性的谩骂，是一种马虎草率的诬蔑。希腊语对谩骂这一含意有合理的解释："谩骂就是随意草率的诽谤。"其内容都是没有实际含义的东西。当然，谩骂他人的行为表明谩骂者无法拿出被谩骂者确实的过错，否则，他一定会把这些作为证据呈现在大众眼前，然后满怀信心地留给他的听众去完成最后的结论。然而他却不是这样做的。相反，他只是提供了结论，但却忽略了前提。为了简便是他一贯的托词。的确，公民荣誉中的"公民"亦即"中产阶级"[①]，只是一个称谓，但这种荣誉广阔地适用于社会中的各个阶层，甚至最高阶层。任何人都无

---

① "公民荣誉"译自德文 BtirgerlicheEhre，意为中产阶级。

法放弃这份荣誉。公民荣誉是非常严肃的，每一个对此掉以轻心的人都会付出昂贵的代价。无论一个人的职业是什么，也不管这个人是谁，只要他违背了诚和信，他也就永远为诚和信所抛弃，随之而来的苦果肯定难以规避。

在一定意义上，荣誉的否定特性与声望的肯定性质相比会显露无遗。因为荣誉并不意味着别人认为：某某人具有某种特别的、为他的主体所独有的品质；荣誉只是说明：某某人并没有欠缺每一个人根据规则都必须具备的品质。因此，荣誉只是表明这个人和多数人一样。但声望却表明这个人是区别于他人的人。争取才能得到声望，比较而言，荣誉只需要保持就行了。据此，缺乏声望的人往往就是默默无闻之辈，它是否定的；但缺乏荣誉的人则应该感到耻辱，它是肯定的。我们可不能混淆荣誉的否定性质和被动性质。恰恰相反，荣誉的特征是完全主动的；它单纯地从人的主体出发，主体的行为是它的基础，别人的所为不可以成为它的依据，同时不会被外在的遭遇所决定，这等同于斯多葛学派所说的“有赖于我们的事情”。这一点也是区别真正的荣誉和虚假荣誉的标志，下文很快就会有体现。只有通过诋毁侮辱才有可能从外面对荣誉实施攻击。把诋毁予以公开，把诋毁者公之于众，是对付这种攻击的唯一对策。

假设年轻人享有荣誉，但那荣誉还未经实践的考验。所以他们的荣誉是信用贷款。这对于老年人则不同，他们的荣誉在他们的一生中已经通过自己的行为得到了证明。如果只考虑年龄和经验，那么这两者都不是使年轻人向老年人表示敬意的充足理由。因为动物也能活到一定的岁数，甚至有的动物寿命远超人类。而经验也只不过是更加深入了解世事的发展而已。但全世界范围内，不同地区的人们都要求青年人必须尊重老年人。照顾和体贴才是人们应该给予越来越衰弱的高龄人的礼物，而不是敬意。但值得关注的事是，我们对于头发花白的人有一种与生俱来的、出于本能的敬意。人到老年的一个更加确切的迹象是皱纹，但奇怪的是皱纹好像被人们的敬意所免疫了。我们从未听过人们说令人肃然起敬的皱纹，而总是听到他们说令人肃然起敬的白发。

荣誉的价值不是直接的。因为，就像本章的开始已经讨论过的，只有当他人对我们的看法决定性地影响了他们对我们的行为的时候，他人的看法才具备价值。但是，只要我们和他人一起生活，他人对我们的看法就会指导着他们处理与我们关系时的行为。在一个讲求文明的国家中，社会是我们财产和安全所依赖的对象，而且无论干什么事情我们都需要获得别人的支持和协助，而且我们和别人之间的交流以及合作也建立在我们获得了别人对我们的信任的基础上。所以，虽然别人对我们评价的价值总是间接而非直接的，但是不可否认的是这一看法的价值是很高的。我们无从确认别人的评价是否会有直接的价值。西赛罗的说法与我这里的说法一致，他认为："克里斯玻斯和第欧根尼谈起好的名声时说：美名自有它的实际用处；除却这些好处，我们根本不值得花费哪怕丁点儿的力气获取美名。我完全同意他们的说法。”同样，爱尔维修[1]的巨著《论精神》里面也对这一真理进行了详细地讨论，他得出结论：“我们喜爱别人的敬重并非因为敬重本身，而只是因为人们的敬重所带给我们的好处。”既然手段并非比目的更重要，那么“名誉比生命还要宝贵”这一被人们大肆渲染的格言，正如我已经说过的，是一种言过其实的说法。

关于公民荣誉我就止于此。人们普遍认为公职荣誉就是：担任公职的人真正具备了所要求的素质，他在任何情况下都能一丝不苟地履行他的公务员职责。一个人的职位越高，在国家事务中越发挥重要的作用，产生的影响越大，大众对于他与其职位相应的智力素质和道德品质的要求就越高。所以，官员拥有更高一级的荣誉，而他的头衔、勋章以及他人对他毕恭毕敬的态度就是用来显示他的这一荣誉的。同样的，尽管大众在判断社会地位的重要性上存在能力上的问题，但是一个人的社会地位无疑在很大程度上决定了相应特殊一级的荣誉。因此，地位在显示荣誉方面被打了折扣。但是，更高的荣誉总是属于承担和履行不一般责任的人，而并非普通市民。后者的荣誉主要是基于构成荣誉的那些否

① 爱尔维修（1715—1771）：法国启蒙思想家、哲学家。

定的素质。

公职荣誉还进一步要求担任公务职责的人要对其所担任的职位怀有尊敬感。这是在考虑他的同僚和他的继任者。要达到这个目标，那么对于自己的职责，他必须严格履行。此外，对一切针对他个人或者他所担任职务的攻击，他不可以听之任之。也就是说，他要对诸如他没有严格执行其岗位职责或者他任职期间对公众的福祉无所建树等言论有所反应。而且，他必须通过法律手段来证明这些攻击是不公正的。

为国家效力的人拥有公职荣誉，比如医生、公校教师，甚至公校的毕业生，也就是每一个被官方宣布为具备资格从事某一精神思想方面的工作而自己又自愿承诺投身于这样工作的人。一句话，所有此类为公众服务的人都享有公务官员的荣誉。军人荣誉也是公职荣誉中的一类，因为每一个自愿保卫自己国家的人实际上具备了勇气、力量和坚强等军人必需素质，并且他誓死保卫自己的国家，不会为了这世上的任何东西而抛弃已经宣誓效忠的旗帜。在此，我采用的公职荣誉一词的含义比常规的含义广泛得多，公职荣誉的常规含义只是公民对一般公职所具有的敬意而已。

我们需要对性别荣誉进行更为仔细地考察，并对应其原则做究本寻源的工作。这也将证实：所有的荣誉都是基于实用利益的考虑。从其本质来看，性别荣誉可分为女性荣誉和男性荣誉，并且从双方各自的角度看，都可以把这种荣誉理解为“团队精神”。因为女性与男性之间所建立的关系在女性的生活当中至为重要，所以女性荣誉远远重要于男性荣誉。因此，女性荣誉被人们这样定义：作为未出嫁的女孩子，她从未将自己献给过哪一个男人，而作为妻子，她只把自己献给她的丈夫。女性荣誉的重要性是由下面的道理所决定的。男性可以给女性一切她需要的和渴望的东西，女性则要保证把一样东西给男性。

因此，双方有了这样的规定：从女方那里男方可以得到他要的那一样东西，但作为交换的条件，他必须承担照顾女方一切的任务，以及照顾双方的结合所生下的子女。这一安排很大程度上影响到女性所有的福祉。要保证这一规定的顺利实施，团结起来成为女性的必要选择，以显示“团队精神”。这样，女性就要以一个整体示人，紧密团结一致对抗她们共同的敌人——男性。由于男性通过得之于自然的、优越的身体和思想力量，占有了人世间多数的好处。女性必须通过征服和俘虏他们才可以占有那些人世间的好处。为此目的，要想获得女性荣誉就要牢记：绝对不能和男人发生非婚姻关系的性行为。只有这样，才能够强迫男性结婚，遵从上述规定。也只有通过这样，女性的福祉才能得到保障。只有通过严格执行上述的训诫规定才能完美地达到这一目的。所以，全体女性都以一种真正的“团队精神”密切监视着其他女性成员是否有违这一训诫。这也解释了，每一个进行非婚姻的性行为，背叛了全体女性的女孩子，无一例外地都遭到同一性别的人地排斥、驱逐，并被打上耻辱的印记。因为一旦这种行为普遍流传在女性之间，那么女性的福祉就会受到破坏。同时这个女人也就此失去了她的荣誉。女人们再也不会跟她有交集，人们就像躲避一个发臭的人一样躲避她。同样的命运也降临在与别的男人通奸的女人头上，她违背了她与丈夫所签下的投降合约。

女性的解救全部依赖于男性签订合约，但是由于这样的事情的发生，导致男性会因害怕而不敢再签订这样的合约。此外，因为通奸的女人粗暴地破坏了自己签订的合约，并且她的做法构成了对男性的欺骗，所以，她在失去女性荣誉的同时，也失去了公民的荣誉。因此，人们会说“一个失足的女孩子”，以表示带有原谅性质的惋惜，但人们却不会说“一个失足的女人”。对于前者，诱奸者可以通过与女孩结婚的方式使她重获清白；但对于后者，即使通奸妇人离婚了，但是那个与其通奸的男人也无法让她重获清白。经过上述分析，我们可以看到女性荣誉的基石是以一种有益和必需的，同时经过精打细算且构筑于实际利益之上的集体精神为原则的。这样，我们就能明确了解女性荣誉对于女性而言的巨大重要性。因此，这种荣誉的相对价值是巨大的，但这价值却又不是绝对的。它不是那种超越了生命和生命之目的，因而也只有以生命为代价才能取得的那种价值。因此，我们不会为卢克利斯和维吉尼斯的那些夸张、流于悲剧的所为喝彩。所以，人们反感爱弥尼亚·加洛蒂结局中的某些成分，这些成分致使我们在离开剧场的时候，心情依然相当糟糕。

另外，我们姑且不论女性荣誉，但我们却不禁要同情《艾格蒙特》中的克拉森。把女性荣誉的原则推至极端就会导致为了手段而忘记了目的。因为如此夸大女性荣誉也就是赋予了它一种绝对的价值，但事实是女性荣誉比其他荣誉更具备一种相对的价值。实际上，我们可以说，女性荣誉的价值只是一种习俗的常规意义上的价值。对此，托马修斯的《论情妇》一书有明确的解释：在马丁·路德的宗教改革之前，几乎所有的国家和时期，法律是允许和承认纳妾的。小妾可以根据这一法律维持她的荣誉，就更不用说古巴比伦的米利泰庙了。当然，也有一些国家打破了婚姻的外在形式，特别是在一些信奉天主教的国家，在那里不存在离婚。

门当户对不无道理

对我而言，统治者拥有情妇比同她们缔结不相匹配的婚姻是一件更加合乎道德的做法。如果这样不匹配的婚姻产生了子女，那么在合法的继承者去世之后，他们就会提出继承的要求。因此，虽然可能性很小，但是这种由不匹配婚姻引起内战的可能性还是存在的。并且不考虑所有外在情况而缔结的这种不匹配的婚姻，从本质上来说就是对女人和教士的妥协，而对这两类人我们都要谨慎地尽可能地寸步不让。

我们还要这样考虑，一个国家里面每个男人都可以娶到自己喜欢的女人，唯独一个男人被剥夺了这一自然的权利。这个可怜的男人就是国王。他用来求婚的手不属于他，而属于他的国家，这只手只能用于为国家谋求利益。并且我们应该考虑到，国王也是一个凡人，他也渴望能够随心所欲。所以，不要阻止国王试图拥有一个情妇这种想法和做法，这种阻碍是既不公正，也不感恩的事情，当然也是狭隘的事情。不过，作为国王的情妇，她不能给国家统治施加任何影响。至于遵守女性荣誉方面，这个情妇恐怕在某种程度上是一个不受普遍规则约束的人。这是因为向她索要的是一个爱着她、而同时她也爱着的男人，虽然这个男人永远不会通过明媒正娶给她一个名分。一般来说，女性荣誉原则并不纯粹出自天然，比如女性荣誉会带来婴儿惨遭杀戮、母亲被迫自杀等众多血腥的牺牲。当然，一个女孩子违反女性荣誉规则把自己交给一个男人，这样做是对她所属的整个女性性别犯下的失信行为，即使只是女性之间一种心照不宣、没有经过郑重宣誓所定下的规定。通常情况下，这个女孩子的行为会最直接的损害自己的利益，所以在这件事情上，她的愚蠢更甚于她的卑劣。

女性荣誉引出男性荣誉。双方相互对立的团队精神，要求每一个缔结婚姻，即签订了对另一方有利的投降盟约的男性，要密切关注这份协定是否得到执行，以防止该协定的坚固性在执行盟约时被马虎、松懈所破坏。而男人为这桩交易付出了一切，那么人们就要确保这个男人达到他进行这桩交易的目的，即他能独自占有这个女人。因此，男性荣誉要求男性必须对其妻子破坏婚姻的行为感到愤慨，并至少要通过与她分离来惩罚她。如果他容忍了妻子背叛婚姻的所作所为，他就将被整个男性社会烙上耻辱的印记。当然，这种耻辱远没有失去女性荣誉带来的耻辱严重。相反，对于男性而言，这只是一个小小的污点，与他有众多其他主要的社会关系相比，与女性的关系的重要性只占次要一级。新时代两个伟大戏剧诗人分别两次把男性荣誉作为其作品的主题：莎士比亚的《奥赛罗》和《冬天的故事》，卡尔德隆[①]的《医生的荣誉》和《秘密的侮辱、秘密的报复》。此外，男性荣誉要求只惩罚女人，而不是这个女人的奸夫。这一点证实了男性荣誉源于男性的团队精神。

到此为止，我所考察了的种种不同形式和原理根据的荣誉普遍存在于各个民族和各个时代，虽然女性荣誉的原则根据证实有过区域性的、短时间的些微改变。但是相比之下，一种荣誉却完全有别于上述各处普遍存在的种种荣誉。对于这种荣誉，希腊人、罗马人都没有丝毫的概念。直至今天，中国人、印度人和穆斯林教徒对它也都同样缺乏了解。最初产生于中世纪的这种荣誉，它只在信奉基督教的欧洲扎根落户。它现在只在一小部分上等阶层的人和依附于他们的人中拥有影响力，这种荣誉就是骑士荣誉。因为它的原则与我们到此为止所讨论过的荣誉的原则截然不同，甚至完全相反——因为后者培养出有荣誉感的人，而前者却要人们守住荣誉的空名——所以，我特地把骑士荣誉的原则一一列举出来，这些原则是骑士荣誉不成文的惯例，也是反映这种荣誉的镜子。

---

① 卡尔德隆（1600—1681）：西班牙剧作家。

1. 骑士荣誉并不是他人对我们的价值的评价，这种荣誉纯粹取决于他人是否给出他们的评价。至于他人做出的评价是否出于真心表白则是无关紧要的事情，当然最不需要考虑的就是这样的评价是否确有根据了。因此，即使我们的生活方式在别人看来是不好的，他们也尽可以蔑视我们，但只要他们不把这种蔑视化为语言或文字，那我们的荣誉就得以保全，毫发无损。反之，即使我们凭借自己的品质得到了他人对我们的高度尊重（因为这并不取决于他人的主观随意），但假如任何一个卑劣和愚蠢的人把他对我们的蔑视展现出来，我们的荣誉就受到了伤害，而如果不采取补救行为，那这种荣誉我们就永远无法保有了。所以这种荣誉完全不是在于他人对我们的看法，而只在于他人是否说出了他们对我们的看法。有很充足的根据可以证明我这一说法，比如诽谤和侮辱的话语可以被说这些话的人收回，而且在必要的情况下，他们也要对自己说的话做出道歉。这样，一切事情就好像根本没有发生过似的。至于收回或者道歉是否表明他人就此改变了对别人侮辱性的看法，或者这种看法为何可以改变则在整个事情中没有丝毫存在感。只要发声者宣布自己侮辱性的言语是错误的，那么一切都会完好如初，并不会改变什么。因此，当之无愧地获得别人的尊敬永远不是骑士荣誉获取的途径，它选择采用威吓手段来强求得到这份荣誉。

2. 骑士荣誉与我们本人的行为无关，真正重要的是别人对我们采用了何种行为。此前文中提及的诸多荣誉，对于它们的获得，主要取决于我们的行为举止和言语表达，但骑士荣誉正好与前面的荣誉相反，它的获取我们自己无法决定，而取决于任何他人的言论和行为。骑士荣誉的获取取决于他人之手和他人之口。如果你受到攻击而没有按照我即将提到的方法重新夺取荣誉，那么任何一个想要攻击你的人都可以让你的荣誉一去不返。但是这样的行为存在失去自己的生命、健康、自由、财产和内心安宁的风险。由此我们可以得到这样的结论：虽然一个人的所作所为公正、无私和高贵，他有纯净的心，卓越不凡的头脑，但只要存在一个人没有原因地去侮辱他，那么他的荣誉就随时可能弃他而去。这个中伤者可能只是一个臭名昭著的恶棍，一个愚昧无知的饶舌者，一个百无聊赖的浪荡子，一个无耻恶毒的赌徒，总之，他们就是一个不值得我们去浪费口舌的人。但是骑士荣誉的法则在他中伤别人的时候却未必被违反了。在通常情况下，侮辱别人的事情正是这一类人的喜好所在。正如塞尼加所说的，“一个人越可鄙、越可笑，他就越喜欢饶舌中伤”。此话极正确。我们上文描写的那些人最容易激怒这种人，这两类人相互对立，都憎恨着对方。此外，有明显优势的人只会引起毫无价值的人的无声怨恨和妒忌。对于此，歌德有经典的表述：

你为什么要抱怨你的敌人？

这些人能够成为你的朋友吗?
你的本性,
就是对他们的一个永恒的指责。

这种骑士原则值得那些卑鄙拙劣的人感激！因为他们把优秀的人拉到和他们同样的水平线上。如果不采用这种手段，任何方面他们都无法超越这些优秀的人。一旦有人把卑劣的品质强加在这些优秀的人身上，不断地诋毁他们，那么，这个恶毒的人的诋毁言论在当下就变成了一个客观真实的、有理有据的评判，一纸具有权威认证的有效力的法令。现实中，除非被诋毁的人马上用鲜血把这种诋毁和侮辱消除，否则它的影响在未来也是真实的和有效的。这也就是说，如果被诋毁者容忍侮辱的屎盆子扣在自己的脑袋上，那么，这个原本人们眼中的“荣誉之士”的被诋毁者就变成了低劣恶毒的诋毁者所侮辱的那个样子了。紧随其后的就是他会遭到其他“荣誉之士”的蔑视。人们像躲避瘟疫一样躲避他。比如，有的人会公开拒绝进入他参加的一切公共社交场合，以此表达对他的不屑等等。现在我们来把这种观念的源头进行详细的分析。从中世纪开始一直到15世纪（根据C.G.冯·韦斯特的《德国刑法、德国历史文集》），在刑事诉讼的案件的审理程序中，并非由原告去寻找被告所犯的罪责，而是由被告竭尽所能地证明自己的清白。这个程序的履行就是在有他人担保的情况下，被告人进行宣誓，所以他需要一个能够为他担保的人。这些替别人担保的人必须发誓不会替被告人做伪证。如果被告人没有找到别人帮他担保，或者原告人不认同这些替被告人担保的人，那么，案件就交由上帝做出判决。在通常情况下，案件的解决是以决斗的方式进行。被告人是“带着耻辱的人”，他必须通过赢得决斗为自己洗清耻辱。这就是蒙耻的概念、整个决斗程序的源头。除了宣誓外，“荣誉之士”之间至今还在进行决斗的事情。这就解释了为什么“荣誉之士”会对虚假的指责极度愤怒，并会不惜为此进行血腥的报复。但是考虑到说谎本身已经成为一件日常生活中司空见惯的事情，我们就会对这种报复的方式感到奇怪了。但是，这种反应已经在人们的内心中扎根了，早已根深蒂固，而且在有这种传统的英格兰尤其盛行。事实上，我们自己首先必须在一生中从未撒过谎，这样我们才能以死亡来威胁那些指控自己言语不实的人。所以，中世纪的犯罪诉讼形式更为简短，被告人只需要对原告人说一句：“你在说谎。”这件案件就可交由上帝做出判决了。据史料记载，骑士荣誉诸多规则中的一条就是：对于撒谎的指责必须诉诸武力解决。关于言语的侮辱，我们止于此。但是，比言语侮辱更要命的事情还存在，它的要命程度甚至在我提及它的时候，也必须请求那些信奉骑士荣誉的人原谅我的冒犯，因为你仅仅提及它就足以让这些人冷汗直流。它可以说是地球上最凶恶的东西，其糟糕程度远非死亡和诅咒可比。那就是一个人甩手给另一个人一个响亮的嘴巴子或者动手殴打他。这样粗暴地出手攻击对方会彻底摧毁挨打者的荣誉。它糟糕的地方就是，对于其他对荣誉的破坏行为，双方能够用流血来弥补，但对于这种出手攻击的荣誉破坏行为却只能以杀死一方的方式才能使荣誉彻底复原。

3. 骑士荣誉跟一个人的自身的定义，或者跟他的道德本性是否会改变等学究气质的问题毫不相关。当一个人的荣誉暂时丢失了，或者受到了损害，只要他迅速利用决斗这种简单的方式回应，他的荣誉就可以迅速和完全地恢复。但如果对方不是信奉骑士荣誉阶层的冒犯者或这只是他第一次冒犯了别人的荣誉，那么，采用一种安全妥当的方式也可以被人们接受。人们可以在别人冒犯自己，尤其是以出手袭击的方式破坏他们的荣誉时，利用自己手头现有的武器在当下就把他击倒，也可以在以后任何必要的情况下击倒他。即使这种冒犯只是口头上的，我们洗刷屈辱的方式也没有什么不同。这样的还击才能保证荣誉的挽回。但假如为了避免这一步行动所带来的不良后果，人们不愿意采取这种方式，或者人们不确定冒犯者是否受到骑士荣誉法则的约束，那么人们也可以采取更妙的一招：如果冒犯者是个粗鲁的人，那就以更加粗鲁的方式回击他，如果口头还击已经毫无作用了，那我们就要采取棍棒相加的方式回敬对方，这是最极端的挽救荣誉的手段。所以，如果对方的手掌在你的脸上光速地闪过，伴随着你火辣辣的痛感和满脑袋的金星以及二者相撞发出的巨大声响时，你不用明白发生了什么，你只需要立刻找到一根结实的棍子，用它来狠狠回敬手掌的主人。而对付棍子的攻击则只能以打狗的鞭子来救场。只有当以上办法都无济于事的时，那我们就不得不采用流血的行动来讨回属于我们的荣誉了。

4. 与蒙受别人侮辱是一种耻辱相对应，侮辱他人则是一种荣誉。如果真理、公正和理性没有站在我们这一边，但如果我侮辱了他，那么真理、公正和理性就得从对方身边滚蛋。与此同时，道理和荣誉也会被我们掌握。相应的，对方也就失去了荣誉，除非他用枪击、剑砍的方式，而不是用公正和理性的方式去重获他的荣誉，否则他的荣誉将永远离开他。因此，在骑士荣誉范围内，粗野无畏完胜一切个性优良品质，道理只会被粗野无礼的一伙儿人占有。还需要其他别的吗？一个人尽管愚蠢、卑劣、有失教养，但粗野无礼的行为可以掩盖这一切，使一切都显得合法。如果在我们交谈或者讨论问题时，一个人向我们显示出他对我们谈论的话题有更精确的认识，而且判断力和理解力也更为健全和优越。那么他表现出来的优越的精神智力就会使我们相形见绌，但是我们可以用粗暴消除他的所有优越，以及我们可以借此掩盖我们所暴露出来的缺点和不足。我们甚至能够通过粗暴和蛮横反过来变得比他还要优越。大兵往往胜书生，野蛮的方式抹杀了人们的精神优势和理性思维，所以，主要我们的对手不跟我们较量，没有对我们的挑衅采用更加粗鲁的方式做出回应，或者发起一场高贵的决斗，那么我们就会安然无恙，成为胜利者，荣誉当然也归我们所有。在粗暴无比的粗野蛮横面前，真理、知识、思想、理解和机智都难以立足，与之一争长短。所以，一旦有人提出异议，或者显示出更高超的智力，这些“荣誉之士”就随时跨上战马，给这些人迎头痛击。如果在争论问题时缺乏论辩，他们就会寻求通过粗野的话语以帮助他们取胜，而且寻找粗野的话语对他们而言也更加轻松容易。这种凯旋，他们屡试不爽。由此看出，人们称赞这种荣誉原则能够使社会环境变得文明，他们是多么的正确。这一条格言是整个骑士荣誉规则的根本和灵魂。

5．在信奉骑士荣誉的人看来，在判断人们之间争议何者为公理时，我们的身体力量，我们的动物本性才是人们所能寻求的最高裁判庭。人们诉诸动物性后必然导致一种粗鲁行为的产生，粗暴的行为也同时宣布了采用精神力量和道德正义的方式已经无力解决问题，唯一能够取而代之的就是人的身体力量运用和生命之间的搏斗。富兰克林[①]认为人是“会制造工具的动物”，因此，决斗就应该是由人带上只有人才会制作的武器来进行。通过决斗，人们得到了一个一审终审的判决。众所周知，“荣誉之士”的基本格言可由Faustrecht“拳头公理”一词诠释，这种表达方

① 富兰克林（1706—1790）：美国政治家、科学家。

法与Aberwitz[①]一词相似，同样具有讽刺含义。所以，骑士荣誉等同于“拳头的荣誉”。

6. 我们发现在对待人们的关系问题上，公民荣誉要求我们小心谨慎、承担义务、履行诺言。相比之下，信奉骑士荣誉的人在处理人际关系时，则显得无比轻松。对于骑士荣誉的规则来说，除了以荣誉的名义所说出的话，其他东西都能打破。也就是在他们说了“以荣誉担保”之后所给予的承诺，他们是永远不能违背的。这也间接地说明了另一个规则：其他的承诺都可以不必履行。当然，在紧急情况下，以荣誉的名义许下的承诺我们同样也能够打破。只要我们通过决斗这个方式击败那些指责我们打破以荣誉的名义许下承诺的人，就能够挽回我们的荣誉。此外，除了被誉为“荣誉债”的赌债是我们务必偿还的，其他债务我们一律可以视为不存在。不怀偏见的读者马上就明白了，这种奇怪、野蛮、可笑的荣誉规则一定不产生于人类的天性，也一定不是对人际关系的健康的解读。骑士荣誉只在极为狭窄的地盘之内发挥作用就可以证实这一点。它唯一流行的地区在欧洲，并且这种流行也只是从中世纪才开始的。即使在欧洲，骑士荣誉的适用范围也是有限的，它局限于贵族、军队和仿效他们的人。希腊人、罗马人、甚至古今高度发达的亚细亚民族都不明白这种荣誉及其规

---

① Aberwitz 意指愚笨、疯狂。

则。他们的世界中只有文章开头提及的那些荣誉。因此，这些民族对一个人的看法全由这一个人的言行举止来决定，而不任凭随便一个饶舌者的毫无理由地诬陷。他们都认为，一个人言行举止，只能代表他自己的价值，不好的言行举止只能贬损他本人的荣誉，而不会损害别人的荣誉。一记耳光对于他们而言也就只是一记耳光而已，这与一匹马或者一匹驴子的一脚唯一的区别就是后者伤害更大，更疼痛。虽然对于别人的出手攻击同样会激怒挨打者，但是根据情况的不同，他们很可能不会当场就以牙还牙，以眼还眼。但是不管有没有还击，这都跟荣誉的捍卫毫无关系。没有人会专门准备着一本账目，记录挨了别人的某一攻击或者遭受了某些侮辱性的言辞，以及是否对这些攻击和侮辱做出了回击。与远在欧洲的基督徒相比，这些民族的英勇气概和视死如归的气节并不逊色。希腊人和罗马人虽然是真正的英雄，但他们对“骑士荣誉”却也只是知识性的一知半解。在他们眼中，决斗并不是高贵的人所做的事情，只有角斗士、标价待售的奴隶、判了刑的罪犯才会去做决斗这样的事情来博贵族一笑，高贵的人只是观看，但是绝对不会参与。随着基督教影响力的扩大，人们逐渐禁止角斗士表演决斗，而人与人之间的决斗却越来越被推崇，决斗的结果称为上帝的判决。决斗残忍的本性不管是什么样的形式都不能抹杀，角斗士为了大众娱乐而搏斗表演，做出了残忍的牺牲，人与人之间的决斗则以残忍的牺牲为大众的谬见买单。二者唯一的区别就是牺牲的人是罪犯、奴隶和囚徒，或者是自由人和贵族。

大量得以保存下来的证据表明古人对骑士荣誉的谬见是全然陌生的。比如，一个条顿族首领向马略[①]发起决斗，但这个英雄却捎话给这个首领："如果你（这个首领）厌倦了目前的生活，你尽可以上吊了结此生。"当然，后来马略主动向这个首领提供一个退了役的角斗士，这样首领就可以跟这个角斗士进行一场决斗。在普卢塔克[②]的书里，我们读到舰队统帅欧里比亚德斯在跟德谟斯托克利斯争论时举起了棍子要打他时，他并没有拔出佩剑，拉开架势要和对方干一仗，他只是说，"你打我吧，但你要听我把话说完"。雅典的士官团也并没有立即宣布不再愿意与德谟斯托克利斯为伍。看到这种事情的发生，信奉骑士荣誉的读者肯定会忿忿不平！所以，一个当代法国作家说，"如果竟然有人说，德谟斯芬尼是个执着于骑士荣誉的人，人们只能给予同情的一笑，同样，西塞罗也不是执着于这种荣誉的人"（C.杜朗，《文学之夜》1828，卷二）。另外，柏拉图在著作中讨论虐待的时候，他的一段文字已经清晰地表明，古人在处理类似的问题时，并没有考虑到骑士荣誉的概念。

---

① 马略（公元前157—公元前86）：古罗马政治家、统帅。

② 普卢塔克（约46—约120）：古希腊传记作家。

苏格拉底在与人辩论而受到别人粗野的对待时，他总能处之泰然。有一次有个人踢了他一脚，他选择默默地忍受，并对那些惊讶地看着他的人说，“如果一头驴子踢了我，我也要生气报复吗？”还有一次，有人（狄奥根尼斯）问他：“那个人不是在羞辱你吗？”“不”，他回答说，“因为他说的人可不是我。”斯托拜阿斯在《穆索尼斯》中为我们留下一大段文字，从这段文字我们可以看到古人在面对来自别人的侮辱时采取的对策。除了诉诸法律以外，他们并不知道是否还有别的办法来应对来自别人的诋毁，当然明智的人甚至都不屑于采用这一解决办法。在柏拉图的《高尔吉亚篇》中，我们了解到古人在挨了别人的一记耳光后，只会采用法律途径寻回公道。苏格拉底在这一章里也对此发表了一些意见。在《吉里斯的报道》里也能找到类似的事实，比如有个名叫卢西斯·维拉图斯的人，在没有别人挑衅他的情况下，竟然大胆地把在路上遇见的罗马市民统统打了一记耳光。事后为了避免事情复杂化，他命令一个奴隶带着一袋钱币在前面引路，马上支付给那些挨了耳光正一脸诧异的人相应的25阿斯的赔偿金。

音乐家尼克德洛姆斯打过大名鼎鼎的犬儒学派大师克拉特斯一记重重的耳光。后者的整个脸都带着血印肿胀了起来。克拉特斯就把一张写着“这是尼克德洛姆斯所为”的字条贴在额头上，借以羞辱这个笛子演奏家，因为他竟采取如此野蛮的方式对待这个被整个雅典奉若神明的人。在色诺彼的狄亚根尼斯致梅里斯玻斯的一封信中，他说他被鞭子抽打了一顿，是一帮喝醉酒的雅典青年干的，不过，挨打对于他来说只是一件小事情。塞尼加同样在《永恒的智慧》一书中从第十章直到最后一章，详尽地讨论了如何面对来自别人的侮辱这一论题。他认为：一个智者用不着理会别人的侮辱。他在第十四章写道，“如果一个智者受到了袭击，那么他应该怎样做？卡图被别人打了一记耳光以后，并没有发愁、报复，当然也没有表示原谅。他只是否定了发生过挨打这件事情”。

“是啊”，你们说：“但这些人可是智者啊！”别忘记，你们也不是愚人！

从上述的论述中我们也可以看出，古人其实根本就不知道还有骑士荣誉原则这种东西。这是因为他们在生活中始终保持一颗忠实于自然，客观公正看待事物的心。不祥的丑陋的东西他们永远都不会轻信。他们不会妄加揣测，无限引申。在他们眼中，打在脸上的一巴掌就只是别人打来的一巴掌，虽然那会造成火辣辣的疼，但是除此之外，这巴掌不会变成其他别的东西，或者这巴掌能打出其他深层次的含义。但对于当代的我们来说，一桩巨大的灾难莫过于我们挨了别人的一记耳光，这一巴掌在我们看来甚至足以打出一出悲剧，比如高乃依[1]的《熙德》。

最近有一出描写市民生活的德国悲剧叫作《环境的力量》，

① 高乃依（1606—1684）：法国剧作家。

我觉得它应该更名为《谬见的力量》才恰当。如果在巴黎国民议会厅产生了一记耳光，那么这个耳光的声音会很快响彻欧洲。那些信奉骑士荣誉的读者，看到我在此解读古老的经典事例从而否定古代社会对骑士荣誉的存在肯定会忿忿不平。为了缓解他们不平的心境，狄德罗[1]的名著《命运主义者雅克》里面关于德格朗先生的故事请你们了解一下。这本书是描述固守现代骑士荣誉的一部出类拔萃的代表作。他们会喜欢这本书，并从中获得启发。

① 狄德罗（1713—1784）：法国文学家，哲学家。

我让步了，但我没输！

从上面的讨论中我们可以得到这样的结论：骑士荣誉的原则只是人为的产物，它产生的基础不是人性，同时它也不是约定俗成的，它并没有独到的见解。特定的时代孕育了骑士荣誉。在那个特殊的时代，比起大脑，拳头才是人们更多运用的工具，等级森严的教士们用铁链禁锢了人们的理性思想。因此，骑士荣誉只是中世纪统治秩序及其骑士制度的产物。那时候，上帝不仅需要关怀人们，而且还要为他们评判是非对错。因此，困难的法律案件就经由仲裁法庭，或者通过更简单地上帝的判决来做出裁定。当然这种上帝的判决几乎全部以双方的决斗告终。决斗并不仅在骑士之间进行，而且还在市民之间同样适用。莎士比亚的《亨利六世》（第二部分第二幕第二景）里面就有一个恰到好处的例子。再获得法律判决以后，双方还可以进一步上诉，也就是进行决斗这种更高级的裁断方式，这个判决由上帝做出。如此一来，法官的位置上就只剩身体的敏捷和力量，人的动物本性取代理性成为判决的决定力量。至今仍然生效的骑士荣誉原则在判定是与非时，不取决于一个人的所作所为，而是取决于他最后遭遇的运气。如果你对决斗的这一根源表示怀疑，那就去阅读 J. G. 梅林根的《决斗的历史》(1849)，这本出色的书会告诉你真相。其实在今天，那些受教育程度低，对事情缺乏深入思考，在生活中遵循这种荣誉原则的人当中确实还有一些人把决斗的结局看作是上帝对他们所争执的问题做出的判决。当然，他们的这种看法是根据传统流传下来的观点形成的。

这就是骑士荣誉的根源。此外，它鼓励人们通过身体力量，强行获得他人表面的尊重，耐心下功夫去获得别人的尊重，在他们看来完全是一件既困难、又徒劳无功的事情。奉行骑士荣誉的人就好像用手捏着温度计的水银球，希望随着水银的上升，他的房间也就会暖和起来。如果我们深入探究就会发现，问题的关键在于公民荣誉是为了确保我们能够与他人进行友好交往，它的内容就是我们要在别人的印象中成为这样：我们是值得人们完全信任的，因为我们绝对尊重别人的权利。

但骑士荣誉却要求我们给别人的印象是：我们是令人生畏的，不要怀疑我们会绝对地、无条件地保护我们的权利这件事情。本来，骑士荣誉的这条霸道原则并没有什么大错，因为在我们生活的自然状态之中，每一个人为了确保自己的生存就必须保护自己的安全和直接捍卫自己的权利，所以人类的正义并不值得我们信赖。上述的原则在文明时期没有用武之地，保卫我们人身和财产的任务在这一时期由国家承担了。它就像坐落在别致的农田、热闹的公路，甚至铁路之间的城堡和瞭望塔——它们都是从拳头即公理的年代所遗留下来的弃置无用的东西。固守着这一原则的骑士荣誉只能作用于人们做出的一些轻微的越轨行为，而且即使是对于这些行为，国家也只是实施轻微的象征性的处罚，或者根据“法律不理会微不足道的事情”的原则一带而过。因为这些侮辱都只不过是芝麻绿豆性质的事情，有时完全是纯粹的取笑打闹。法律可能完全不会把这些事情纳入处理范围，但在处理这些事情方面，人的价值被骑士荣誉夸大了，甚至达到了一种与人的本性、构造和命运都完全不相称的程度。人的价值被提高至神圣不可侵犯的地步。

也正因为这样，人们往往会认为国家对于那些小小的冒犯所给予的惩罚根本不足够让冒犯他人的人牢记自己的错误，被冒犯者出于对国家处理结果的不满，就会决定自己执行惩罚的任务，冒犯者的性命就是他的攻击目标。其实，出现这种事情的根本原因是人的自大侵蚀了他们的理智，那种令人反感的盛气凌人使他们忘记了人的含义。作为人，肯定要犯错误，但是骑士荣誉却苛求人们避免犯任何过错，同时绝不接受来自他人的任何伤害。如果有一个人准备用武力执行这种见解，并且宣告：“凡是侮辱过我或者动手打我的人一定要死亡。”那么，这种人的确应该被驱逐出国家。为了给这一胆大妄为的自负遮丑，各种各样的一切都沦为了借口。假如两个不怕死的人相遇，都要求对方让路，那么，他们就会从轻轻地推搡演变成恶语相向，直到拳脚相加，最后事情以某一方受到致命的一击而告终。其实，干吗那么麻烦，不如干脆省略中间的环节，直接动用武器，这样岂不是还能保住颜面。

在这人世间以最严肃、认真的态度上演一出闹剧莫过于把细致的程序发展成为一整套有自己的律令和规则的僵硬、死板的制度，它是对愚昧尊崇和膜拜的产物。但是我们要明白，这骑士荣誉的根本原则其实是不对的。在处理鸡毛蒜皮的事情时（重要的事情由法庭处理），两个同样都是悍不畏死的人，其中那个更具有理性思想的人会做出一定的让步，他会同意保留各自的不同观点。那些不奉行骑士荣誉原则的普罗大众，或者千千万万来自各种阶层的人士的做法可以证明这个观点。争执和摩擦在他们身上得以顺其自然地化解。与只占整个社会人口的四分之一的信奉骑士荣誉的阶层相比，这些人当中置他人于死地的攻击要稀有一百倍，打架事件也鲜有发生。不过，也会有人认为：因为骑士荣誉的原则是抵御人们不良举止和粗野行为的利器，所以良好的礼仪和文明的习惯才会在决斗之上得以建立。但是我们必须正视的是，在雅典、哥林斯、罗马等地方，我们都的确见到良好甚至一流的社交氛围，以及优雅的礼貌和习惯，而这些文明的建立并没有依靠骑士荣誉作为后盾。

当然，在古时候，和现在的情形一样，占据社交场合显要位置的不是女人。现在这样的情形使人们的交谈中增加了更多的是一种轻浮、幼稚的东西，它占据了重量级的、严肃的话题，确实在很大程度上影响了我们，使我们的上流社会比起其他品质，更钟情于个人勇气。但是，个人勇气这种行伍军人的优点被放大了，其实它只是次一级的。

在个人勇气方面，我们远远不如一些动物。比如，人们说“像狮子一般勇敢”。与上述说法相反，骑士荣誉的原则其实只是为那些在大事上的不诚实和卑鄙，在小事上野蛮、欠缺考虑和不礼貌的人提供了一个庇护所而已。没有人愿意冒着失去生命的危险去批评“骑士”，因此更多的人们选择默默忍受他们带来的许多粗野行为。比如在一个政治事务和财产金融事务中失去信誉的国家，我们可以看到决斗发展到了登峰造极，直至血腥的地步。至于这个国家的民间人士私下交往的情况，则可以向那些与他们接触过的有经验的人询问。至于这个国家欠缺礼貌和社交修养的问题，则是确定无疑的事情。

所有关于骑士荣誉的借口都经受不住检验。但如果有人说：一只狗听到另一只狗对它吠叫时，它会以吠叫回应，但当它受到爱抚时，它就会表示亲近。同样，人的本性也是以敌意回击敌意，在别人蔑视或者憎恨我们时，我们会内心难受和愤怒。那么，他的论述还会有一定可取之处。因此，西塞罗说："对于侮辱和恶意留下的疼痛，甚至谦逊和好心的人也难以承受。"诚然，除了一些教派的人士，无论在世界何地，没有人会对来自别人的侮辱和拳头安之若素。尽管如此，人的天性只会驱使我们采取与我们所受到的冒犯相对应的报复方式，但这种报复行动不会超越我们受到的冒犯太多，更加不会因为别人指责我们说谎、愚蠢和怯懦就一定要夺得别人性命。德国的古老骑士原则"耳光要以匕首偿还"是令人反感的观点。出于愤怒，我们会因为遭受侮辱而采取报复或惩罚行动，这样的行动不同于骑士荣誉所告诉我们的那样，它关乎我们的理性和道义。

相反，无须质疑的是：指责我们的话语所造成的伤害值是由这些话语击中目标的成功率来确定的。就比如，当别人说中了我们，那么一个小小的暗示带给我们的伤害都比一个严重的、但却没有事实根据的指责严重。因此，一个人一旦发现别人对自己的指责跟自己毫不沾边，那他马上很自信地对这个指责摆出一副不屑一顾的神情。但是，按照骑士荣誉的原则，我们需要承受这些本不应该承受的指责，并且我们一定要针对这个并没有对自己造成任何伤害的侮辱采取血腥的报复。对自己的价值评价不高的人往往会急切地压制每一句冒犯自己的话语，生怕这些冒犯自己的话语被别人听见。所以，一个真正有自尊的人从来就不怕别人的侮辱、诋毁，任凭这种侮辱如何声势滔天，我自淡然处之。如果面对侮辱和诋毁不能漠然应对，那么机智和修养完全能够让他保全面子的同时成功把怒气掩藏。如果我们对骑士原则的成见得以摆脱，不会再通过侮辱他人来夺取他人的荣誉或者挽回自己的荣誉，同时，如果人们不再随时采用报复的手段发泄心头的愤怒，动辄就挥舞着拳脚面对遭受到的不公正和粗野蛮横的行为时，那么这种观念很快就可以得到普及：如果发生了恶语相向的事情，那占下风的一方一定是胜利者。

就像文圣佐·蒙蒂[①]所说的：污言秽语就像教堂的队列，永远返回它们的出发点。这样，人们对付侮辱，保持自己的正确的方法就必须以牙还牙了。这样，我们的交谈中才能包含理解和思想，而不是像现在那样：说话前还要顾虑是否得罪那些狭窄和愚昧的头脑。实际上，使那些狭窄、愚昧的人惊慌和难受的就是深刻理解力本身，并由此引发一场在有思想、有头脑的人与肤浅、狭窄、愚昧的人之间展开的一场运气的搏斗。这样，在人们的聚会中，精神的优势才会转化为优先权。但目前来看，这种优先权却被那些拥有一身蛮力和匹夫之勇的人占据着，虽然这一事实并不是每个人都明白。因此，这种改变使出类拔萃的聪明人减少了一条逃避社交的理由。这种改变为真正的良好气氛和优秀的社交

① 文圣佐·蒙蒂（1754—1828）：意大利新古典派诗人。

聚会清除了障碍。无须质疑，在雅典、哥林斯和罗马这种类似的聚会一定一度流行。在色诺芬[1]的《会饮篇》中可以得到关于这点的证据。

不过，痴心妄想之徒一定还想为骑士荣誉做最后的辩护，辩词一定是这样："但，上帝啊，如果真的这样，每一个人不就都可以随便对他人动粗了吗？"对此我能简略作答：这种情形发生在占社会人口百分之九十九并不奉行骑士荣誉的人群，但却不会有一个人因动粗而丧生。但在奉行骑士原则的人群当中，一般来说只要动粗都会使人丧命。我还要深入地讨论这一问题。为了解释为什么人类社会的一部分人坚持认为挨别人一巴掌是一件可怕至极的事这个根深蒂固的观点，我曾努力试图找出存在于人类的动物性和理性之间的，扎实、站得住脚，或者起码说得过去的理由，它们不是纯粹漂亮、花哨的言辞，而是能被精炼为清晰概念的理由，但我没有成功。

动手打人一巴掌只不过是、并且永远都只是一个人对另一个人的肉体伤害，它表明出手伤人的人身体更健壮或者动作更敏捷，或者挨打的那个人当时并没有留神等。此外，它并没有附加任何别的含义。打别人一巴掌这一行为我们不可能分析出更多的东西。骑士把遭受别人一记耳光视为一件人世间最悲惨的事情，

---

① 色诺芬（约公元前430—约公元前355）：古希腊历史学家，作家。

但他们却从来没想过他挨过他的马比这一巴掌厉害十倍的踢打。他强忍疼痛，一蹶一拐一地安慰旁人，马踢人这件事不算什么。所以，我想原因应该在人的身上寻找。此外，我看到我们的骑士在战斗中同样受到剑刺、刀砍，他却向我们宣告这些都是小菜一碟，不值一提。然后他们又说，挨别人的棍打远比被人用马刀的平面拍打严重。所以，不久前，军校的学生宁可接受后者的惩罚而不愿意遭受前者的羞辱。

现在，通过被马刀的刃面轻拍的方式来获授骑士称号已成了一项值得骄傲的荣誉。这就是我对骑士荣誉的心理和道德理由的考量，我的结论是：骑士荣誉的原则不过就是谬见，它是古老而根深蒂固的，它又是一个说明人类的轻信特性的例子。此外，我的观点也可以从一个众人皆知的事实得到证实：在中国，用竹杖抽打是司空见惯的一种惩罚公民的手段，甚至对那些犯错的各级官吏也是如此。这提醒我们，在中国，经过高度文明教化的人性，并不奉行类似骑士荣誉的原则。只要用正直的眼光考察人类的本性，就能够清楚地理解人与人打架是一件再自然不过的事情，这与野兽间的撕咬和带角动物之间的竖角相撞没什么区别。人不过就是一发脾气就会用鞭子打人的动物而已。所以，每当一个人咬伤了另一个人，我们就会对这种打架的方式感到震惊，与这样的方式相比，人们普遍认为打架时用拳脚是一件最自然的事情。显然，通过提高人们的修养和自我克制能力的发挥，摒弃打斗也是我们很愿意看到的事情。但是，如果一个国家或者一个阶层的人们只坚持一个这样的原则：别人给了我们一巴掌，那这就是天大的不幸，那么，最终带来的结果就是相互谋杀。一件惨无人道的事情就因为这样一个谬论而发生。人世间，实实在在的祸害已经不少了，人们不必再增添那些虚幻不实的灾祸，因为它们会带来更大的伤害。但这正是那愚蠢和阴险的迷信[①]正在做的事情。因此，我们应该采取行动，抗议政府和立法机关成为他们的帮凶，他们频繁地颁布有关规定，在民间和军队中禁止体罚。它们相信这样的禁令能够让众生获益，但现实情况却和他们开了个玩笑。

① 即骑士荣誉。

遭受侮辱时，我们该怎么办？

政府的这种禁令不但不起作用，反而会使已经严重违反人性的、无可救药的愚昧变得更加顽固不化。人们已为此牺牲太多。除了最不可宽恕的罪行之外，面对一般的违法过失，人们想到的就是要痛打犯人一顿，让他长长记性。所以，这样的处罚并未违背自然。谁要是抛弃了理智，那他就必须忍受棍棒。如果一个人既没有交付罚金的钱财，而且剥夺他的自由也不能够给他人带来收益，那么适量体罚这个人，或许是一个明智又自然的选择。除了诸如“人的尊严和价值”一类的说辞，我们并没有反对这件事的理由。上文提到的那种谬见是问题的根源，但并没有清晰的概念支撑这些说辞。这一点，下面一个近乎可笑的例子可以为我们提供有力的证据：近来，在很多国家的军队里，同样可以给身体带来痛苦的睡板条床取代了鞭罚，唯一的区别是后一种处罚不被认为有损受罚者的名誉和人格。

这种盲目的观点得到人们如此大力的鼓励，只能让骑士荣誉的原则更加强大，变相地肯定了决斗这种处理纷争的手段。与此同时，人们却又试图通过法律禁止决斗，或者似乎在这样做。这样导致的结果就是，我们自己让这个从最野蛮的中世纪流传下来的已经逐渐腐烂的原则——拳头即公理，在19世纪仍然发出阵阵恶臭。这实在是文明社会的耻辱，是对理智的羞辱和践踏。现在已经到了把它羞辱一番然后丢弃的关头了。当今至少在英国已不允许人们进行类似斗狗这种娱乐活动了，但人与人之间仍然互相搏斗，直到一方死亡。产生这种结果的原因就是荒谬的骑士荣誉原则和那些拥护骑士荣誉原则的思想偏执、狭窄的辩护人为其原则宣传、鸣锣开道。在他们强迫下，人们只能像角斗士一样地拼杀，在这个过程中，双方都可能失去宝贵的生命，但结果只是解决了一些不值一提的小事。

因此，我向德语语言学者建议：duell[①]这个词应由baiting[②]这个词代替。这个词的词根不是拉丁语duellam，而是源于西班牙语的duelo，它的意思是痛苦、艰难。以一本正经的方式进行的决斗不仅仅为人们提供了笑料，同时也显示了人类的愚蠢。骑士荣誉的荒谬原则在一个国家里面分裂出一个独立的价值体系，除

---

① 即决斗。

② 英文，意思为“饵捕”“猎杀”。

了拳头即公理之外，其他的价值观他们一概拒绝。它设置一个恶毒的宗教裁判庭，受罚的人都是屈服在骑士荣誉的权威之下的各个阶层的人，每个人都可能因为一些微不足道的小事被他人挑衅，而骑士荣誉的原则就会强迫他接受生存或者死亡的判决。我们应该饱含愤慨地与这一切决裂。

当然，恶棍们感恩有这样的原则，这为信奉骑士荣誉的他们提供了庇护和藏匿的地方。他们可以利用这个原则去威胁，甚至杀死那些高贵、卓越的人。那些人自身的高贵和卓越无疑会让这些恶棍憎恨、妒忌。时至今日，警察和法律的存在已经使恶棍们不可能在大街上大喊："要钱还是要命？"那么，我们健全的理智思维当然也应该拒绝恶棍对我们安宁生活的破坏，对他们"要荣誉还是要性命？"的喊叫我们充耳不闻。上流阶层的人们不应该再有负担，应该拒绝听任别人的随心所欲，拒绝为他人的野蛮、愚蠢或者恶毒买单，时刻保护自己的身体和生命。两个少不更事的青年人，相互间一旦言语不和，就头脑充血，不惜为此冲动付出鲜血、健康，甚至生命。这难道不令人骇人听闻和令人羞愧吗？有些时候，被侮辱者受到损害的荣誉无法得到恢复，因为他们的地位与冒犯者差别巨大，这样，巨大的耻辱感让他们在绝望中舍弃自己的生命，下场既悲哀又滑稽。这个充满暴虐的国中之国和骑士荣誉原则这个错误认识的威力由此可见一斑。它的虚假和荒谬在事情的发展达至相互矛盾的顶点时就会显露出来。这是一个明显二律背反的例子，禁止官员参加决斗，但一旦有人向他发起决斗而他又选择拒绝的话，他就会丢掉官位。

我要老实客观地把这个话题说下去。只要我们客观地、清楚地考察这一问题，我们就能发现，我们手持与对手相同的武器，在万众瞩目的决斗中杀死对方，又或者从暗地里暗袭得手，这两者之间之所以存在被人们如此高度重视的差别，原因就在于在这国中之国，人们承认拳头即公理，把决斗的结果尊奉为上帝的裁决，并把它作为骑士荣誉的规则基础。在公开的搏斗中杀死对方，除了证明我们身强力壮而且更能熟练地运用格斗技巧以外毫无意义。强力就是真理的前提，所以人们才会不惜以失去生命为代价进行公开决斗以证明自己在这件鸡毛蒜皮的小事中占理。

但现实中，假如我的对手并不会自我防卫，那就只能为我们提供杀死他的可能，而我们却失去了杀死他的正当理由。正好相反，我杀死对手的道义上的理由只能取决于我要杀死他的动机。假设我杀死对手的理由在道德上站得住脚，那么，让杀死他的这件事取决于我是否在射术或者击剑上优胜于对方，是完全没有理由的。相反，不论我采用何种方式夺取他的生命，从后面袭击抑或从前面攻击他，结果并没有区别。如果要卑鄙地谋杀某人，那诡计就应该是主场的选手了。站在道德的立场来看，强力即公理和诡计即公理其实都没什么区别。就目前的情形而言，强力即公理和诡计即公理其实都一样。

需要我们明确的是，在决斗中强力和诡计是在同时发挥作用的，击剑中的花招就是由诡计衍化而来。如果我认为杀死一个人在道德层面上不是不合理的，那么，杀死他却由我们之间谁更精于射击、击剑来做决定是荒谬和愚蠢的。因为采取这种办法的话，对手很可能会反过来伤害我，甚至会夺去我的性命。卢梭对此的看法是，决斗的方式不适合报复别人的侮辱，暗杀更适合。卢梭[①]在《爱弥儿》第四部里的第二十一条的注释里面相当神秘小心地暗示了这一看法。但骑士荣誉深深地影响着他，所以他竟然认为如果被人指责说谎，那自己就有了充分合理的理由去暗杀这个人。但卢梭应该知道，没有人不曾说谎，每个人都配受到这一责备，卢梭本人就更是如此。当强力即为公理这一谬见成真，决斗也被认为是上帝的判决，那么一个人只要是光明正大的、以相同的武器和对手较量，那他杀死他的对手就是正当合法的。比较而言，一个怒气冲冲的意大利人碰到自己的敌人，不说废话就直接扑上去用匕首结果对手的性命。这一行为无疑更连贯一致、也合乎自然。同时也更聪明，但比参加决斗者更卑劣。但有人会辩解道：在决斗时，我们双方都在试图杀死对方，只不过最后是我成功了而已，这足以让我不用为他的死负责。但对此的驳斥

① 卢梭（1712—1778）：法国启蒙思想家、哲学家、教育学家、文学家。

是，当我向他发出决斗要求时，我也就已经在强制性地将他置于不得不正当护卫自身安全的境地。

这种强制将对方置于如此境地的做法，本质上就是发起决斗要求的人在为谋杀对方寻找一个冠冕堂皇的借口而已。一旦对方接受决斗，同意把生命押在决斗上面，那这就属于对方的自愿行为，即使死亡了也属于咎由自取。拿这样的一个原则作为开脱理由则再合适不过了。对此我们可以说，其实双方都受到了损害，而且双方并不都是自愿的，真正杀人的刽子手是那暴虐的骑士荣誉及其荒谬的规则。它逼迫两个决斗者，或者至少其中一个必须面对这血腥肮脏的私设刑庭的判决。

虽然我对骑士荣誉的讨论已经像老太太的裹脚布一样长了，但我这样做的良苦用心仍希望读者能够体会，因为这世界上唯一能够面对道德和智力范畴这样的庞然大物时仍然还有力气进行抗击的就是哲学了。新时代的社会与古老社会被两样主要的东西区别开来，前者明显落后，因为这两样东西的存在，让新时代社会的人充满某种阴沉、严肃和不祥的气息。在古老社会中，这样的弊病可不存在于人类社会，那是个快乐和自由的时期，就像生命中的早晨一样。它们就是骑士荣誉和性病，这“高贵的一对”（贺拉斯）携手走进人们的生活，生活中的“辩论和爱情”惨遭毒害。性病发挥的影响远比我们想象的深远，因为它的影响同时发生在生理和心理层面。既然丘比特的箭被涂了毒，那么相应的男女两性之间的关系也就掺进了某种陌生的、敌视的甚至魔鬼般的成分。

因此，两性间的关系悄然间有了阴暗、可怕的不信任。如今，所有人类社会得以构成的基础发生了这种变化，其他的社会关系也必然会或多或少间接被影响。深入探讨这一问题无疑会离题。虽然性质有所不同，但是骑士荣誉的影响与性病的影响相类似。在它的影响下，人们每说一句话都必须三思而后行，社会也因此变得僵硬、紧张和严肃。但这些还不是影响的全部！牛首人身的弥诺陶洛斯[①]就相当于公众供奉骑士荣誉原则，人们为他准备的祭品是许多出自名门的高贵男儿。这情形与过去只发生在欧洲某一国家不同，它已经遍及整个欧洲。因此，现在是时候勇敢地剿灭这只妖魔了。就让我们送这两只怪物在19世纪的新时代寿终正寝吧！医生会帮助我们，他们最终会通过预防药物成功地打败性病，但因为政府在这方面所运用的立法手段至今为止已告失败，所以哲学家的任务是要消除骑士荣誉这只妖魔，他们为此必须通过各种各样的方法纠正人们的观念。而且我们也只有通过哲学，从思维观念入手才能从根本上消除这种祸害。如果政府发自内心地希望展开工作，消除决斗这一祸害，而收效甚微的原因的确只是因为执政者办事效率低下，那么我建议政府颁布

① 希腊神话中的半人半牛的怪物，食人肉，饲养于克里特岛的迷宫中。

一条法律，它一定会获得成功。我们不采用血腥的手段，也不用断头台、绞刑架和终身囚禁等强制性方法。相反，我们的办法简单易行，叫“顺势疗法”。如果一个人由于一些原因向别人发出决斗的要求，或者一个人接受了别人的决斗，那我们就让他在众目睽睽之下，在士兵长面前，像中国人那样接受执罚者12杖的体罚。公证人和为决斗者传递挑战书的人每人处罚6杖，而且惯常的刑事诉讼法追究决斗所造成的后果的责任。或许，看到这些话后，一个脑子被骑士思想灌满的人会反驳说：经此体罚，许多“荣誉之士”定会开枪杀死自己。对此，我的答案是：这样的人就是一个傻瓜，不过他杀死自己远好于杀死别人。实际上，我们应该明白，政府并没有真心地要杜绝决斗。民政官员，尤其是普通的官员（最高职位的官员除外）的收入远远少于他们所提供的服务而应获得的数目。因此，他们的另一半收入就需要用荣誉支付了。荣誉首先能够通过头衔和勋章来表示，其次，在更广泛的意义上，社会阶层恐怕作为荣誉的代表再合适不过了。对于社会阶层所代表的荣誉来说，决斗是拉曳马车的一匹强有力的副马。为此，人们在大学里就已经开始接受关于荣誉的初步训练了。所以，决斗的受害者其实是在以自己的鲜血洗刷工资收入的赤字。

略微提及民族的荣誉能够使我的观点更加完整。它涉及构成整个人类社会一部分的民族。力量是民族荣誉问题唯一的裁决者。所以，本民族的每一个成员都必须自觉保卫他的民族，这是他们的义务。民族荣誉并不只是得到人们这样的认可：这一民族是值得信赖的。此外，它还要通过一系列手段让人们知道：这个民族强悍到令人害怕。因此，这种目的使民族荣誉绝对不接受在有外族侵犯本民族的权利这样的事情发生时，本民族的人置之不理。因此，民族荣誉就是公民荣誉和骑士荣誉结合产生的。

我在“人们给予的表象”一部分里最后提到过名声。在此，我们仍然需要继续对它作一番考量。名声和名誉是一对孪生兄弟，但就像第奥斯科所生的孪生子一样：一个（波鲁斯）长生不老，另一个（卡斯图）则注定要死亡。

名誉总有一天会腐朽，而名声就是名誉的不朽兄弟。当然，这里的名声指的是级别最高、货真价实的名声，因为有太多的名声只是虚名而已。名誉只包含人们在同样的环境中必须具备的素质，每一个人都应公开宣称这些素质是自己本身所有。但名声中包含的素质我们则不能强求所有人必须具备。别人对于我们的了解决定名誉，它不会超越此界限，但名声却恰恰相反，在别人了解我们之前它就已经产生了。并且，它把名誉也裹挟着带到了名声抵达之处。名誉每一个人都可以拥有，但获得名声却只有少数例外的人，因为只有做出行动业绩才能借此获得名声，或者成功创作出伟大的思想性作品。这是获得名声的两条途径。具备一颗伟大的心是建功立业的前提，但创作文化经典巨著则更多的是依赖一颗非凡的头脑。这两条成名之路都有各自的优点和缺陷，功业会消逝，但作品会永远流传，这是两者的主要差别。再高贵的功业的影响也只是暂时的。

但那些天才的作品却得以流芳百世，给后世以教益和愉悦。事功如果有幸被历史所记录，那么它将留给人们记忆，像石一样地传给后世，如果不幸没有得到史料的记载，那么这一功业的记忆就会持续不断地减弱、变形，最终变得模糊直至湮没在历史的迷雾中。比之于前者，作品的自身的不朽性就得到了彰显，文学著作尤其能够世代相传而不失。

关于亚历山大大帝[①]，现在仅存的是他的名字和人们对他的历史记忆。但柏拉图、亚里士多德、荷马、贺拉斯却仍然活生生地存在着，我们可以通过他们的著作了解他们的精神，他们仍然在直接地对我们的生活产生着影响。《吠陀》[②]及其《奥义书》仍然存在。但对于过去各个时代所产生的行动业绩我们却一无所知了。行动业绩的另一个缺陷就是它们依赖机会。时势造英雄，行动业绩的产生以机会的诞生为契机。这样，行动业绩的自身价值不能决定是否可以通过行动业绩获取名声，决定它的是当时的时代趋势。因为正是当时的情势使行动业绩具有了重要性和并因此使人获得了荣誉。

---

① 亚历山大大帝（公元前356—公元前323）：马其顿国王。

② 印度最古的宗教文献和文学作品的总称。

此外，纯粹属于个人行为的行动业绩还要依赖为数不多的证人作证，比如在业绩产生在战争中。问题就在于这样的目击证人也能总在个人业绩出现的时候恰好也在场，而且，我们不能保证他们是大公无私、公正客观的。不过，行动业绩也有其优势，它是实际事务，普通大众同样具有评判它们的能力。因此，只要行动业绩的精确资料齐全，这些行动业绩也就即刻会得到人们的公正承认——除非人们只是在以后才正确地了解到做出行动业绩背后的动机，因为只有对一桩行动业绩的动机有了认识以后才会理解这一行动业绩。相反的情形则出现在作品创作中。作品影响的形成并不依赖机会，它们唯一依靠的就是创作它们的作者。只要作品没有被毁掉，它们就以自己的本真面貌存在于世。

不过，相比较行动业绩来说，作品的评判更困难一些。级别越高的作品越难评判。我们通常都缺乏有才、公正和诚实正直的文学作品评判员。一个评判或者一桩事件不会让作品的名声一锤定音。作品有上诉的机会。就像我已经说过的，行动业绩依赖记忆才能传达给后世，并且其传达内容、方式均由这些行动业绩发生时的一代人提供。但作品只要内容不缺失，它就可以以自身的本来面貌流传下去。这样，作品本身的思想主旨就不会在传播的过程中失真、变形。即使作品在创作和面世时遭遇当时情势环境阻碍，这些阻碍也会在以后的时间消失。此外，真正具备优秀能力的评判员会随着时间不断增加。本身就是非凡人物的他们，现在评判的是比他们更加非凡和出色的作品。他们各自能够给出有相当分量的可供参考的意见。当然，有的作品可能历经数世以后，才会产生客观公正的评判结果，而这个评判结果也不会被后世的评判推翻。来自作品的名声是牢固的和势所必然的。但是，作品的作者能否目睹自己的作品得到客观公正的评判，则取决于外在情势并依赖作者的运气。越高贵、越有深度的作品，这种情况发生得就越少。

塞尼加曾准确地谈论过这一点。他说，名声与成就如影随形，只不过是像影子一样前后摇摆。随后他又加上了这么一句："虽然嫉妒让你的同时代人沉默，但以后总会有人客观公正地，不带恭维地作出判断。"顺便说上一句，在塞尼加的时代，我们发现无赖们早就开始用这种压制他们成就的手段了，他们对别人取得的成就故意保持恶意的沉默，采取视而不见的态度。他们以这种方式蒙蔽公众发现优秀事物的眼睛，低微、拙劣的东西将从此获益。他们对这一艺术的熟练运用丝毫不亚于我们当代人。使他们和我们这个时代的无赖们都闭上了嘴巴的就是嫉妒。通常来说，越是迟到的名声，越能长久地维持，任何优秀的东西都只能慢慢地成熟。一株慢慢长大的橡树就好比流芳后世的名声。寿命不过一年的快速长成的植物恰好用来比喻那些得来全不费功夫，但却只是昙花一现的名声，当然那些虚假的名声则是迅速长高，但随后却被连根拔掉的杂草。这都是由一个事实确立的，一个人越属于他的后世，越为整个人类大众做出贡献，那他自己的时代对他的误解就越深，不仅是他的时代从他的贡献中获益，他为之奉献的是整个人类。因此，他创作的作品的一大特点就是作品并不会沾上只属于作者自己时代的色彩。所以，默默无闻地度过他的时代就是一件很容易出现的事情。而那些属于他们的时代的，只为短促一生中的事务效劳、只服务于当代，并且与这个时代同生共死的人们，反而会得到他们同时代的人的赏识。

学会自我欣赏，不要奢望别人的欣赏

艺术史和文学史让我们明白：人们一般不欢迎人类精神思想的最高级的产物，直到优秀思想者出现，并感受到了这些作品发出的呼唤，这种情况才会得到改变，并使这些作品获得应有的威望。凭借这样的权威，这些作品也就能够继续保有其威望了。出现这种情形的根本原因，就是与自己的本性相呼应的东西我们才能够理解和欣赏。一个愚蠢的人只能理解呆板事物，一个俗不可耐的人只能欣赏平庸和俗套，头脑混乱者往往倾向于模糊不清的东西，内心荒芜的人则和胡言昏话气味相投。与读者本人心意相通的作品最能够获得这个读者的理解和喜欢。因此，古老的、寓言式的人物伊壁查姆斯才会发出这样的慨叹：

我说出我的看法，这毫不奇怪，

而他们沾沾自喜，自以为

他们才是值得赞扬的。狗对狗来说，
当然才是漂亮的生物。牛对牛也是这样，
猪对猪、驴子对驴子，莫不如此。

一件很轻的物体即使最有力的手臂把它甩出，也无法让它飞得很远，并且有力地击中目标。被甩出去的由于本身没有物质性的实体以接收外力，所以很快就会坠落地面。如果接受美妙和伟大的思想、天才创作的巨作都只是弱小、荒诞的头脑，遭遇同样的情形也不是意料之外的事情。各个时代的智者们都曾为此齐声哀叹。比如，耶稣说："向一个愚人说故事，就像跟一个睡着觉的人说话一样。故事讲完了，他会问，你说的是什么？"哈姆莱特说："机智妙语在傻瓜的耳朵里面睡觉。"歌德说过：

最妙的话语，被笨蛋听了，
也会招来讽刺。

又

你的话没有任何结果，
众人都呆滞无言，
保持良好的心情吧！

石头扔进沼泽地

是不会弄出涟漪的。

利希腾贝格说道，“当一个脑袋和一本书互相碰撞，而只发出空洞的闷响，这空响难道就总出自书本？”他还说，“书本身就是一面镜子，一只猴子看镜子的时候，里面不会出现福音圣徒。”的确，吉拉特神父对此的优美和感人的哀怨值得让人回味：

最好的礼物通常

最不被人赞叹；

世上的大部分人，

把最坏的视为最好。

这一糟糕的状况司空见惯，

但人们如何避免这种不幸？

我怀疑能否从我们的世界根除这一不幸，

世上只有唯一的补救之法，但它却无比困难：

愚人必须获得智慧——但这是他们永远无法做到的，

他们也不会懂得事物的价值。

作出判断的只是他们的眼睛，而不是脑袋，

他们赞扬微不足道的东西，

只是因为他们从来不曾懂得什么才是好的。

由于人们低下的思想水平和思维能力，所以，歌德才会说，优秀人物很少被人发现，而获得人们的承认和赏识对他们而言就更是难上加难的事情了。人们除了智力的不足外，嫉妒是他们在道德上的劣性。一旦一个人获得了名声，那名声就会抬高他的位置，直到高于众人，而别人也就因此被相对贬低了。所以，每一个做出非凡成绩和贡献的人所得到的名声是以那些并不曾得到名声的人失去社会地位为代价的。

我们给予别人荣誉的同时，

也就降低了我们自己。

——歌德

由此我们能够知道，数不胜数的平庸之辈为何会对一个刚一露面的优秀出色的东西发起攻击，即使他们并不知道这个东西属何种类。这些平庸之辈狼狈为奸，不阻止这些东西的出现誓不罢休，甚至竭尽所能，一副必欲去之而后快的样子。这群乌合之众采用的暗语就是“打倒成就和贡献”。甚至那些做出了一定贡献并借此获得了名声的人，同样不愿看到其他人得到新的名声，因为别人获得新名声所发出的光彩会令他们失去光辉。因此，歌德写道：

在得到生命之前，
倘若我踌躇一番，
我就不会活在这世上了。
正如你们看到了，
那些趾高气扬的人，为了炫耀自己，
就要忽视我的存在。

通常来说，人们会公正地评判名誉，嫉妒也不会攻击它，事实上名誉都是预先给予每一个人的。但名声的获得只能与嫉妒进行一番恶斗，而且王冠是由那些远离公正的评判员所组成的裁判庭决定获得对象的。名誉可以与他人一道享有，但这样的事情不会发生在获取了名声的人身上，他们会阻挠别人得到名声。

此外，通过创作作品而获取名声的困难程度与这一作品的读者群的数目不成正比，其中的理由也是秃子头上的虱子。与那些写作供人们娱乐消遣的作品相比，创作那些旨在给人以教益的作品则更难获取名声。通过撰写哲学著作的途径以获取名声是最困难的，因为哲学著作给人们的教益并不确定。此外，它们也没有物质上的实用性。因此，哲学著作面向的读者群基本上是从事哲学研究的同行所组成。从上述的论述中我们也可以想象到通过创作来获取名声的困难程度，那些创作出配得上声誉的作品的作者，如果不是对自己事业的热爱，并且在写作的时候能够自得其乐，而是一心希望通过写作获取名声，那么，人类的不朽的著作就不会有，或者只会有很少。的确，创作者只有抵制和鄙视大众及其代言人的评判，才能创作出优秀的著作，并且避免写出低劣的作品。据此，奥索里亚斯的说法尤其准确无误：名声总是逃离追逐它的人，但却会尾随对它毫不在意的人。这是因为前者只投合自己同时代人的口味，但后者却有意抵制这种口味。

因此，获取名声很困难，但保存名声却相对来说容易得多。在这方面，名声和名誉恰好相反。可以预支给每一个人的是名誉，每一个人只需小心保护它就是了。但问题在于，一个人只要做出某一不符合规矩的行为，他的名誉就弃他而去了。比较而言，名声不会真正失去，这是因为一个人得以取得名声的业绩或作品不会轻易消失，即使它们的创造者已经江郎才尽，不再有新的创作，但原本积累的名声仍然属于他。如果名声真的减弱、消失，变成了明日黄花，那也只能说明这名声原本就是虚假的，也就是说，获取这名声的源头就是不实在的，它只是暂时的，偶然获得了过高的评价才导致获得这样的名声，又或者它干脆是利希腾贝格描绘的，类似于黑格尔所取得的那种名声："它由那些好友集团齐声宣扬，然后得到了空洞的脑袋的回应……当将来有朝一日，后人面对那些花花绿绿的言语大厦，还有逝去的时髦所留下的漂亮空壳，以及死掉了的概念所占据的框架子，当他们敲门时竟发现一切全是空架子，里面甚至没有点滴的思想能够有信心地喊出：请进来吧——这将沦为怎样的笑柄啊！”（《杂作》4，15页）

名声建立在一个人与众不同的地方。所以，名声本质上只能通过比较得出，它也只具备相对的价值。一旦所有人都享有了名声，那名声也就不复存在了。只有那些在任何情况下都确保是自身直接拥有的东西且能保有其价值，它才具备绝对的价值。因而，伟大的心和伟大的头脑的价值和幸福来自它们的自身。借此获得名声的东西才是具有价值的东西，具备价值的不是名声，名声不是实在的，而借助这个东西获得的名声只是一种偶然意外而已。诚然，名声只是某种事物的外在显示，名人通过名声来证实他对自己所抱有的高度的评价可以得到理解。

因此，我们可以这样认为：除非光经过物体的折射，否则它本身是看不见的。同样，一个人所具有的卓越才能只有通过名声的确认才变成事实存在。不过，名声这种外部影响可不是绝对安全的，因为盛名之下，其实可能难副。此外，做出了卓越贡献的人欠缺名声也不是不可能的事情。所以莱辛[①]说：“一些人声名显赫，另外的一些人却理应声名显赫。”另外，如果一个人在别人的眼中所呈现的样子决定了这个人是否具备价值，那么没有什么

① 莱辛（1729—1781）：德国启蒙思想家、剧作家、文艺理论家。

比这个更悲惨。如果一个英雄或者天才所具有的价值的大小真的只能通过他所拥有的名声大小来衡量，即他们的价值取决于他人对他的评价，那么，他的一生无疑够悲惨。但现实的情形却恰恰不是这样。每个人都依据自身本性而生存，因此，他首先是为了自己本来的样貌而活。对于一个人来说，不管其存在方式如何，他的自身本性，才是至关重要的东西。如果这个人的自身本性缺乏应有的价值，那他这个人也就没有价值可言。相比之下，他在别人头脑中的印象却是无关紧要的东西，它受制于偶然，对他本人也只能施加间接的影响。此外，大众的头脑是可怜、凄凉的荒漠，真正的幸福怎么可能在这里安家落户，只有虚幻不实的幸福才会选择在此栖身。

在名声的殿堂里，混杂的各式人等毫无规则地上台表演：统帅、大臣、舞伎、歌手、伶人、富豪、庸医、杂耍艺人等等。在这里，所有这些人的过人之处比起高级的精神思想素质，更能受到人们真诚的赞赏和由衷的尊敬。对于真正杰出的精神思想素质，多数人表达敬意只停留在口头上。站在幸福学的角度看，名声只是一种异常稀罕、昂贵的食物，它用来喂养我们的骄傲和虚荣心。除了这个价值，它一文不名。虽然人们会把骄傲和虚伪掩饰起来，但它们存在于绝大多数人身上。或许那些有着最强烈的骄傲和虚荣的人才是不管怎么样都理应获取名声的人。在这些人不确定的意识里，他们认为自己的价值远超常人。在获得机会去证明自己具有突出价值并且此种价值得到承认之前，他们必须在漫长的时间里、在不确切之中等待。他们觉得这种等待就是变相地遭受了某种不为人知的、不公正的对待。不过，正如我在这一章开始的时候已经说过的，一般来说，人们往往会完全失去或不合理智的重视别人对自己的看法。所以，即使霍布斯[1]的言辞表达得相当强烈，但很可能是正确的："我们心情愉快就在于有可供与我们比较并使我们可以看重自己的人。"由此能够明白为什么人们如此重视名声，并且为了最终得到名声不惜做出种种牺牲：

> 名声（这是高贵的心灵最后的弱点）
> 促使清晰的头脑鄙视欢愉，
> 过着辛劳艰苦的日子。
>
> ——弥尔顿[2]（卢西达斯），70

另外，

> 高傲的名声殿堂闪耀在

① 霍布斯（1588—1679）：英国哲学家。

② 弥尔顿（1608—1674）：英国诗人、政论家。著有长诗《失乐园》。

陡峭的山上，

人生的智慧要爬上去是多么的艰难！

——贝蒂[1]（吟游诗人）

最后，我们也可以看出，总把荣耀挂在嘴上的国家最虚荣，并且可以毫不犹豫地把它称为可以激励人们做出伟大事情和创作出伟大著作的主要原动力。但不可否认的事实却是：名声只是一种次要之物，它只不过是成绩贡献的映象、表征、回音，并且能够获取赞叹的事物比赞叹本身更有价值。因此，名声并不能让人们得到幸福，而只是借此获得名声的东西。因而，它在于成绩、贡献本身，更准确地说，无论这两者的性质是道德方面还是智力方面，产生这些成绩和贡献的思想和能力才是人们获得幸福的源泉。因为每个人考虑最多的还是自己，因此即便是出于自身的缘故，他们也有必要发挥自己最优秀的素质。他的行为举止留给别人的印象，以及他人对他的评价，其重要性都是不值一提的。

因此，那些应该得到名声而又不曾被名声青睐的人，其实他们拥有了比名声更加重要的东西。他所缺乏的完全可以通过他的实际拥有得到安慰和弥补。我们羡慕一个伟人，并不是因为他被那些判断力严重匮乏、智力低下的乌合之众视为伟人，而是因为

① 贝蒂（1735—1803）：英格兰诗人和随笔作家。

这个人本身展现的素质的确可以称得上是一个伟人。他最大的幸福在于我们可以从他的作品中看到那些耐人琢磨的、值得人们世代相传的珍贵思想，并不是后世有人会知道他、崇拜他。他自己掌握他的幸福，名声却不掌握在自己的手中。

另外，假如最重要的是来自他人的赞叹，那么引起赞叹的东西在重要性上就落后于赞叹本身了。虚假的、名不副实的名声就是这样。获得这种虚假名声的人能够短暂的享受名声带来的好处，但其实他们并不真正具备获得这些名声的东西。但虚假的名声有时候也会变了味。虽然为了继续借此虚假名声获得利益，这些人能够自己欺骗自己，但这样的名声把他们带到了自己并不能驾驭的高度，阵阵的晕眩不断地袭扰他们，或者他们会否定自己，认为他们不过就是一个假冒产品而已。他们为最终被人剥落面具和遭受罪有应得的羞辱而担惊受怕，尤其从有识之士的眼睛中，他们就已经读到了他们将被后世判决。这些人就好像伪造遗嘱骗取了财产的人一样。最真实的、能够流芳百世的名声，这名声的主人并不会知晓，但人们仍然会认为他是一个幸运的人。他的幸运就在于他具备凭借自己非凡的素质来获取名声的能力。

同时，也在于他能以适合自己的方式行事，发展和发挥这些素质，从事令他满怀喜悦投身其中的事情。也只有这样的状态才能产生出获取后世名声的作品。他的幸运还在于他具有那些在他的作品中留下了印记的伟大情感或者丰富的精神世界，这些都将获得了后世人们的赞扬。不可漏掉的就是他的思想智慧。思考他的思想智慧，就是在发掘一座宝库，这将是在以后无尽的将来那些具有卓越思想的人们所乐此不疲的工作。实至名归的名声是流芳后世的名声的最大价值所在，这才是这种名声的唯一报酬。至于获取身后名声的作品是否也能获得作者同时代人的垂青则关乎环境、运气，但这一点无关紧要。按照这样的规律，常人总是听从他人权威的原因就在于他们不具备独立判断的能力，尤其缺乏的是欣赏高级别和高难度成就的能力。高级别的名声完全依赖于称赞者的诚信基础上，百分之九十九都是这样的情形。

所以，对于那些具有深刻思想的人来说，同时代喧哗的赞美声价值很低，完全不具有参考价值。因为他们听到的只不过是为数不多几个声音引起的回响罢了。而即使是这为数不多的几个声音也不过是一时的产物。假如一个小提琴手发现，来听演奏会的听众除了一两个还能听到声音，其他的都是聋子，这些聋子为了不让人发现自己患有耳疾，每当看到那两个健全的人鼓掌，他们就跟着鼓掌回应，那么这个小提琴手还会为他的听众所给予的满堂掌声而兴奋吗？甚至那带头鼓掌的健全人也是经常被人行贿收买，为那悲惨的小提琴演奏者表演什么叫最响亮的喝彩声！因此，一个时代的名声极少可以转化为身后的名声。

你容易出名吗?

达兰贝尔[1]在其对文学殿堂的巧妙描写中说："文学殿堂里住满了死去的人，他们在生前并不曾住在里面；这殿堂里面也有为数不多的几位幸存者，但一旦他们死去，他们就几乎全部被抛出殿堂。"在这里需要强调一下，只有担心后世去评价一个人的价值，才会在他的生前就为他竖立纪念碑。但如果一个人真能在活着的时候就获得后世的名声，那这种幸运的事情就一定不会发生在他成为老年人之前。

或许，在艺术家和文学家的身上可能能够发生这一规律的例外情形，但发生在哲学家身上的概率小之又小。那些通过著作成名的人，成名以后才准备肖像就为我的这一说法提供了例证：这

① 达兰贝尔（1717—1783）：法国数学家、物理学家、启蒙思想家与哲学家。《百科全书》的编纂者之一。

些作者的肖像一般都是年老的模样，头发是花白的，尤其是哲学家的肖像。但站在“幸福论”的立场来看，这又是绝对合理的事情。对于我们这些普通人来说，名声如果从青春时期就出现了，那简直是一件奢侈至极的事情了。我们的生活已经非常贫乏，生活的赐予值得我们珍惜，把它们分开享用或许更能延长我们对生活的激情。

青春年少时，我们拥有的宝贵财富已经足够多，并且这些财富能使我们从中得到快乐。但是当时光的年轮行至暮年，当所有的快乐和欢娱随着冬天的树叶一样凋落以后，名为名声的梅树才开始在严冬时节悄然绽放，傲立枝头。名声也像在夏天生长，在冬天供人享用的冬梨。到了老年，回首一生，我们最美好的安慰就是我们把全部的青春力量和一辈子的心血都倾注到著作里面，虽然我们已经年老体弱，但是这些著作永葆青春，它们不会随着我们一起老去。

现在，让我们更细致地总结一下从那些与我们紧密相关的学科来获取名声的方法，下面的规律就一目了然了。要在这些学科获得名声，表现出聪明才智，就一定要对这些学科的现有资料重新组合。这些内容性质差异很大的资料，越广为人知、越能在生活中被人们接触，那么通过整理和组合这些资料而获取名声的可能性也就越大。比如，如果这些资料属于数字或曲线范畴，同时又兼顾某些物理学、动物学、植物学或者解剖学方面的知识，又或者如果这些研究资料的内容是古代作家的散佚断篇，或者是些缺字断章的碑文、铭刻，又或者这些材料无法确定一个准确的历史时期。那么，假如有人对这些资料进行一番正确无误的汇编整理从而赢得以后的名声，那这种名声也只被对这些资料有所认识的人群认可，而超出这个范围的人们并不会认同这个人所进行的工作及其价值。

所以，这类名声只在为数不多的、通常过着隐居生活的人之间传播。这些人嫉妒别人享有他们这一专业行当的名声。但是，如果研究资料来自人人皆知的知识体系，比如，关于人的理解力、人基本和普遍的感情特性，或者每个人都可以感受得到的发挥作用的各种自然力、人们耳熟能详的大自然的进化进程等等，那么对这些资料重新进行重要的、新颖的排列组合，并达到扩大人们对这些事物的了解程度的目的，通过这样的工作而获得的名声就会随着时间传遍整个文明世界。因为这些研究素材每个人都接触得到，所以在通常情况下，每个人都可以对它们进行重新组合。因此，名声的大小与我们所要克服的困难的大小成正比。既然研究的资料广为人知，那么想要采用新颖的、但却是合理准确的方式对它们重新组合就变得困难重重，因为无数的人已经在这一方面做出很多尝试，能够重新组合的方式也可能已经穷尽。相对的，对于那些只能通过辛苦学习、困难搜集的方式才能理解的、不为一般大众所了解的研究资料，我们却可以轻易地找到这些素材新的组合方式。所以，如果一个人有着高超的理解力和准确的判断力，再加上一定的脑力优势，那么这样的人从事上述这一类资料的研究，他找到这些资料新的和正确的组合的可能性无疑会很大。不过，我们前面也提到，通过这种方式获取的名声，其流传范围或多或少和人们对这类资料的理解、熟悉程度是一致的。仅仅了解和掌握这些资料就需要人们进行大量的研究工作，更不必说解决这一类学科的难题要求了。但如果我们的探究资料可以带给我们最显赫和最深远的名声，那么我们不费吹灰之力就能够获得这类资料素材了。但是，解答这类难题时需要的辛苦越少，那么对研究者才能的要求就越高，甚至只有天才才能胜任这一类的工作。苦干根本不能与思想的天才在创造价值和受到人们的尊敬方面相提并论。

由此可知，如果你感觉自己具有高超的理解力和敏锐的判断力，但又不确信自己真的具备至高的思想天赋，那么你不应该逃避烦琐的考究工作和让人疲惫的工作过程，因为只有凭借这些辛苦劳动，你才能在广泛接触这些资料素材的过程中，从像你一样具有天赋的众人当中脱颖而出，才能进入那些只有勤勉的博学者才有机会涉足的偏僻领域。在这一领域，竞争者的数目已经不再像以前那么多，只要稍微具备突出头脑的人都会很快找到时机对所研究的资料在保证正确的前提下进行重新组合。这种人得以发现重组方法的原因甚至就建立在他克服了困难而获得了这些资料上面。但是，不了解这些研究资料的大众只能遥远地听闻他由此获得的来自他的研究学问的同行的喝彩声，因为只有他们这些专业人士才懂得这一门专业。如果跟着我的思路一直走到底，最终就会由于发掘新的资料变得越来越难，导致研究者用不着再寻求组合资料的方法了，因为现在他们只要找到了可供研究的资料就足以建立名声。这就像一个探险家抵达一处偏僻的、荒无人烟的地方，他所看到的和到达的地方就足以使他成名。这条成名途径的另一个很大的优势是传达自己的所见较之于传达自己所想的难度更小，理解他人的所见也较之于理解他人的所想更加容易。所以，讲述见闻的作品往往比传达思想的著作拥有数量更多的读者，因为，正如阿斯姆斯所说的：

一个人去旅行，
就能讲故事。

不过，与此相吻合的事情却是：私下认识和结交这一类知名人物后，我们就会想起贺拉斯所说过的话：

到海外旅行的人只是变换了气候而已，他们并不曾改变思想意识。

对于那些智力突出、天赋极强的人来说，他们应该去解答那些涉及这个世界的普遍和总体方面的关乎整体人类的重大难题，当然也就是最困难的问题。因此他们应该竭尽所能地扩展视野，同时在多个方向出击，借此避免因为朝着一个方向钻研得太深而沉迷在某一专门的、鲜为人知的领域里面。也就是说，他不要太过抓住某一学科之中的某一专业门类不放，更不能去钻那些细微琐碎的牛角尖。他没有必要为了抛开那数量巨大的竞争者而委身于生僻的学科门类。人们最常见的事物其实都可以成为他研究的素材。这些素材在他手里完全可以得到全新的、正确的和真实的组合。这样，他所做工作的价值就能为所有熟悉那些资料素材的人认同，也就是说，获得大多数人类的欣赏。文学家和哲学家获得的名声与物理学家、化学家、解剖学家、矿物学家、动物学家、语言学家、历史学家所得到的名声之间存在巨大的差别的原因正在于此。

第五章　建议和格言

快乐与痛苦的本质

在此我没有要对如何达到人生的幸福进行完整表述的意愿，因为如果这样做的话，我其实就是在重复从泰奥尼斯、所罗门王到拉罗什福科的各个时代的思想家所说过的那些相当不错的金玉良言般的人生格言。但如此一来，这本书就失去了原创价值，一定无法避免那许许多多的别人说过的话。当然，我避开面面俱到，那就一定会缺乏相对的完整性，当然也就谈不上对这些思想的系统性安排了。不过，虽然缺少了完整性和系统性，但反过来看，如果本书的内容兼备这两者，那我们讨论的话题就会无可避免地变得冗长、繁复。所以我只写下我能想到的，似乎也值得传达给读者的东西，还有那些在我的记忆所及范围内，别人还没说过的、起码不完全是别人说过的思想，况且，别人采用的也不是我现在这样的表达方式。所以，我现在只是在这一望无际的人们在此已经建树良多的领域里做一些补充而已。

属于这一话题的观点和建议林林总总纷繁复杂。为使它们有一定的顺序，我把它们分为四部分，第一部分是泛论；第二部分涉及我们对自己的态度；第三部分则是我们对他人应采取的态度；最后一部分讨论我们应如何看待命运和世事的发展。

亚里士多德在《伦理学》里提及的一句话，被我视为人生智慧的首要律条，把它译成德语是[①]："理性的人寻求的不是快乐，而只是没有痛苦。"这一句话的内在含义是：所有的快乐，其本质都是否定的，而痛苦的本质却是肯定的。我在《作为意欲和表象的世界》第一卷第五十八章中对这一句话做出了详细解释和论证，有兴趣的读者可以去查阅。在此我用一个日常生活中经常见到的事例对这个真理进行分析。如果我们不重视身体的整体健康，我们的眼睛和心思始终只集中在隐隐作痛的伤口。我们总体的生活舒适感就会因这一小处伤痛而无影无踪。与此相类似，尽管各样事情都按照我们的想法进行和发展，但只要有一件事情违反了我们的意愿，脱离了我们计划范围，无论这件事情如何微不足道，但是这件并不称心的事情就会进入我们的头脑，我们心里总是惦记着这一件不如意的事情，眼中再也看不到其他更重要的、已经如我们所愿实现了的事情。在这两个例子里面，我们的意欲都受到了损害。在第一个例子，意欲在人的机体里表现得客

① 原文为希腊文并附有拉丁文的译文。

体化，而在第二个例子里，意欲则以客体化的形态存在于人的渴求、愿望等意欲当中。在上述两种情况中，我们都能够看到意欲的满足问题总是难以得到肯定。我们只能间接地感觉得到意欲获得的满足，它往往只以反省、回顾的方式使我们感受到它的存在。但是，我们可以肯定的是意欲受到的抵制，所以这种状况会明确表示出来。每次快感的产生其实就是意欲冲破了它所受到的抵制，从而使意欲获得了解放。所以，每一种快感都只能在短时间内存在。

上文引述的亚里士多德的至理名言的规则也同样是基于这个道理。这条规则让我们明白，不要把目光停留在追求生活的快感和乐趣上面，而是尽可能地用于在生活中规避数不胜数的祸害。如果这条路走不通，那么伏尔泰所说的话就可能是一句废话。他说："快乐只不过是一场幻梦，但痛苦却是真正实在的。"（1774年3月16日致弗洛安侯爵的信），但事实上伏尔泰说的话却是准确无误的。所以，如果有人要用"幸福论"的理论衡量自己的一生是否幸福，那么他不必计算自己曾经享受过哪些欢娱、快感，只需要一一列出自己得以躲避哪些祸患就好。的确，"幸福论"从一开始就提醒我们："幸福论"只是一个委婉的名称而已，所谓"幸福的生活"，其实应该被认为是"减少许多生活中的不幸"，也就是还能勉强忍受艰难的生活。事实上，生活远不是让我们享受的，而是让我们想方设法地忍受它和克服它。这一点在各种语言的表达里已经能够得到证明，如拉丁语的“degervitam”和“vita defungi”（得过且过地生活，克服生活）；意大利语的“siscampacosi”（如果能熬过这些日子）；德语的“man muss suchendurchzukommen”（我们得尽力顺利过生活）和“erwirdschondurch die welt kommen”（混日子）等。当人老了，生活的重担终于可以抛在身后，这对我们的一生来说确实是一个安慰。因此，一个人如果生活了一辈子但又没有承受过什么巨大的精神上或者肉体上的痛苦，那这可能是他生命中最大的幸运了。而曾经享受过强烈无比的欢娱却不能用来衡量生活是否足够幸运。如果根据后者来衡量一个人是否幸福地度过一生，那就是选错了衡量标准。原因就是快感永远都是否定性质的，那些认为快感能够使人幸福的想法都是错误的，嫉妒的人就有这一错误的想法，这一错误的想法也正是对他们嫉妒心的惩罚。相对的，痛苦在我们的感受中却是肯定的。因此，痛苦的多寡程度是衡量一个人生活幸福与否的尺子。一个人如果能够生活在一种没有痛苦，也没有无聊的生活中，那他就确实获得了尘世间的幸福，反观其他的一切都是虚无缥缈的。由此我们能够得到这样的结论：我们不应该把忍受痛苦作为获得快乐的代价，即使这样的痛苦还不确定，但只要是有遭受痛苦的风险，那这样做就不行。如果这样做了，我们就是在拿肯定和实在的东西换取那些否定、虚幻的东西。但如果我们为避免痛苦而牺牲欢娱，那获得收益的肯定是我们。在这两种情况下，痛苦和快乐究竟谁先到来，其实并不重要。如果人们想要把人生的痛苦转换成一个欢乐剧场，像很多人一样把人生目标定在寻欢作乐而不是竭尽所能去规避痛苦，那确实是一件颠倒黑白、荒谬至极的事情。如果有人瞪着阴沉的眼睛，把这个世界看成特殊意义上的人间地狱，并因为这种看法处心积虑在这一世界建造一间隔绝烈火的房间[①]，那么这个人犯的错误还没达到荒唐、离谱的地步。愚蠢的人在生活中不顾一切地追寻快乐，到最后却发现自己受骗了，而聪明的人则千方百计地规避祸害。如果智者最终没有实现目标，那只能怪他运气欠佳，但却跟他的智商无关。只要付出后得到他所希望的，他就一定不会有受骗的感觉，因为那些他躲过的祸害在现实生活中千真万确地存在。即便这个聪明的人为了规避祸害而超过了度，造成生活中的快感愉悦不必要的牺牲，但是归根到底也没有让他损失什么，因为生活中所有的快感愉悦都不过是虚幻的，本来就不存在的东西，当然谈不上损失了。为错过了享受一番的机会而感到痛惜，是肤浅、狭隘，甚至是可笑的。

我们遭受众多不幸的原因就是对这一真理没有清晰的认识，而乐观主义无疑在这方面扮演了推波助澜的角色。当痛苦不在我们的周围徘徊时，蠢蠢欲动的欲望就会趁机向我们映照出种种虚

① 根据《圣经》，地狱里面燃烧着熊熊大火。

幻的快乐、欢愉的幻象，这些镜中花、水中月已经达到了几乎真实的地步，诱惑着我们对其亦步亦趋，听之任之。在这个过程中，毋庸置疑、真实不虚的痛苦就又一次包围了我们。也就是当我们被欲望拉入陷阱的时候，我们就会后悔没有珍惜业已失去了的无痛苦状态，它是生活中的天堂，却被我们轻率地摒弃了，我们只能哭号，可是奈何一切都已经发生，我们希望一切都可以从头再来，但是发现一切早已成为现实，无从改变。我们没有痛苦的状态总是被一只充满欲望幻象的邪恶魔鬼打破，它总是不断地诱惑我们不甘寂寞的心，引导我们舍弃来之不易的无痛苦状态。其实，最真实的、最大的幸福状态就是没有痛苦的状态。思想简单的年轻人以为这个世界就是特别为人们准备的用来寻欢作乐而设定的晚宴，这个世界居住的就是实实在在的幸福。在他们看来，那些无法得到幸福的人，不过是在获取幸福时不够聪明、灵活而已。小说、诗歌以及世人时时处处为维护外在面子而做的虚假行为，都是对这种观点的强化。关于这一点，我随后就会回头讨论。这一观点形成以后，人一生所有的行动，从此就变成一场对肯定幸福的刻意狩猎，而这种幸福，也就是由具有肯定性质的快感、欢娱所构成。在这场狩猎活动中，人们面临许多风险。通常来说，这场对本来就是虚无缥缈的猎物的追逐能够带来实在、肯定的灾祸与不幸。这种不幸可以有各种各样的体现，比如苦痛、疾病、烦恼、忧患、损失、贫困、耻辱等等。姗姗来迟的那一个总是真相。但如果我在这里所讨论的规则能够得到人们的遵循，把避免痛苦作为生活的计划，也就是把远离匮乏、疾病和各种苦难作为生活的目标，那么，如果这一个目标足够真实，我们或许就能有所收益，而且，在我们的生活计划中，因追逐所谓肯定的幸福的幻象而产生的打扰越少，那我们获得的收益就越多。在歌德的《亲和力》中，他借米特勒之口说出的话与我的观点不谋而合。米特勒做的事，都是为了帮助他人获得幸福，他说："如果一个人试图摆脱某种祸害，那他自己的目标总是能被很清楚的知道，但如果一个人总是垂涎于比自己已经拥有的更好的东西，那他就是个瞎子。"这句话很容易让人联想起一句美妙的法国谚语：好的敌人是更好。这句话无疑是正确的，甚至犬儒学派的基本思想就是源自与此相似的道理。关于这点，我在《作为意欲和表象的世界》的第二卷第十六章已经明确给出了分析。犬儒学派选择摒弃一切快感乐趣，不就是因为他们意识到与这些快感乐趣纠缠在一起会感到痛苦吗？对于犬儒学派的哲学家来说，比得到快乐更加重要的是能够避免痛苦。他们清楚的知道快意享受中蕴含的否定性质和痛苦中包含的肯定属性。所以，逃避灾祸始终可以让他们保持永不懈怠的毅力，为了达到这个目标，他们做足了功夫。为此，他们认为有意识地摒弃所有的快感乐趣是一件有必要的事情，这是由于他们清楚地知道逸乐后面隐藏着陷阱，陷入其中的人会沦为痛苦的奴仆。

当然，正如席勒所说，我们的诞生之地无疑都在阿卡甸高原[1]，也就是说，我们是满怀对幸福和快乐的希冀来到这世上的，并且愚蠢地希望可以将它们一一化为现实。但是，一般来说，注定的命运很快就会降临在我们身上，它粗暴地折磨我们，对着我们咆哮：没有任何一样东西属于你们，一切都是命运的，因为命运不仅对你们的财产物品、老婆孩子拥有无可争辩的权利，而且你们的手脚、耳目、脸部中央的鼻子也统统属于它。无论情况怎么样，不会花费太长时间我们就会体会到，我们面前的幸福和快乐只不过是一层只可远观的晨雾，一旦我们走近，它就消失得无影无踪了。对比来看，痛苦和磨难反而具体又真实。我们可以直接感受到它们的存在，而用不着幻想和期待。如果落在我们身上的教训能够开花结果，那我们就可以止住追逐幸福和享乐的脚步，把更多的精力放在寻求尽可能堵住痛苦、磨难的方法上，我们就能清晰地感受到这个世界所能给予我们的最好东西，就是为我们提供一种没有苦痛的、宁静的和可以让我们勉强忍受下去的生存环境。我们必须克制自己对这个世界的期望和要求，这样，我们才能更有把握获得最大的赏赐。用来避免不幸的最保险的办法就是不要求幸福。歌德青年时期的朋友梅克就已经认识到了这个方法，所以他写道："是我们对于幸福的过分期待毁坏了这世

① 比喻有田园牧歌式生活的地方。

上的一切，毁坏的程度与我们做梦的程度相一致。谁要能够摆脱过分的期待，除了自己已经拥有的以外，不再奢望更多，那么，他就能够安然无恙地生活下去。”（《梅克通信录》）因此，我们对快乐、财产、地位、荣誉等等的期望应该时刻保持一个节制、适宜的尺度，因为巨大的不幸正是由于我们对幸福快乐、荣耀排场的追求和争取带来的。因此，明智和合理的做法就是降低我们的欲求。这是因为相当不幸的生活我们可以轻而易举地获得，而相当幸福的生活不仅很难得到，甚至这种可能性完全不可能。宣扬生活智慧的诗人如此歌唱是绝对合理的：

挑选了黄金般的中庸的人当然远离了寒酸的破窟，
也远离了众人羡慕的王公宫殿。
遭遇风暴时，巨松树顶就在风中摇摆，
高耸的石塔会沉重地倒塌，
高山之巅会被雷霆击中。

——贺拉斯

谁要是完整地相信了我的哲学理论，并因此明白了我们的整个存在本质上就是有不如无的东西，而人的最高智慧就是否定和抗拒这一存在本质，那么，他就能够对任何事情、任何处境释然了，不会对这些事物抱有强烈的期待，当然也不会热烈地追求这尘世的一切，也不会不断抱怨计划的落空和事业的不顺。相反，柏拉图的教导他一定会牢记："没有什么人或事值得我们过分操心。"安瓦里[①]为《玫瑰园》写的格言提到：

如果你失去一个世界，

不要为此悲伤，因为这是微不足道的；

如果得到一个世界，

不要为此高兴，因为这是微不足道的；

苦乐得失都会过去，

都会离开这个世界，因为这都是微不足道的。

——安瓦里《苏哈里》

我在前文提到过的世人的虚伪，直接导致了人们很难接受这种健康合理的观点。我们很早就应该对这种虚伪有所了解。很多人的奢华和辉煌不过是他们选择示人的物品而已，那和歌剧院里的装饰陪衬没有什么区别，但他们都缺乏关键的内核。比如，那些挂起的锦旗、用花冠装饰的船只、锣鼓喧天、彩旗招展、鼓角齐鸣——这些只不过是表示人们欢乐的幌子、门面和符号，这热闹表面是欢乐的海市蜃楼。但我们能够体会到，越是在这样的热

① 安瓦里（约1126—1189）：波斯文学中最伟大的颂诗作者之一。

闹场景欢乐越是难以寻觅。欢乐从来不在喜庆的场合露面。它的出现一般都是悄无声息、不作张扬的不请自来，它所到之处都是最平凡无奇、日常普通的环境、场合，总之那些显赫辉煌、热闹非凡的场合永远不在它的行程列表。就像澳大利亚的金砂分散在各个地方，它们的储藏没有任何的规则和定律，纯粹偶然的机会我们才能找到它们，并且即使找到了也只能是一小撮，因为它们基本不会大量聚集在一起。上文提到的所有热闹、欢快的幌子，它们的目的就是在人们的头脑投影欢乐的假象，用欺骗的手段促使人们相信欢乐的确存在于世间。欢乐的时候是这样，悲伤的时候同样如此。那长长的、缓慢行进的殡葬队列显得多么沉痛、凄戚，送葬的马车一眼望不到头。但看看里头吧！里面其实是空的。棺材其实是被全城的马车夫当成货物送至墓地的。这幅画面真实明白地告诉我们，什么是人世间的友谊和尊敬！这些所有的仪式，都是人们的虚假、伪善和空虚。镜头一转，我们看到的就是高朋满座、衣香鬓影的欢快又隆重的场面。看人们的笑脸，感觉每个人都兴高采烈，沉浸在一片其乐融融的愉快气氛之中，但事实上，拘束、尴尬、无聊才是这场宴会的主角，其他人不过是随时可以替换的客人。虽然人们的胸前被勋章占满，但是我们明白众人聚合之地，就是无赖集会之处。真正有价值有意义的聚会无论何时何地都必然是相当小型的。辉煌、热闹的喜庆场面大都只有空洞、虚幻的内核，在这种场合，总不缺乏不和谐的出现，因为这样的喜庆欢快气氛实在与我们那挣扎在生死线上的苦难生活格格不入。也正是这种格格不入更清楚地表明了事情的真相。如果从表面上看，这些热闹欢乐的聚会的确能够产生一定的效果，而这就是这些聚会的目的。所以，尚福尔才会说出这样美妙的话："我们所说的聚会、沙龙等社交活动，其实是一出悲惨的戏，一台惹人生厌的话剧。它烦闷、乏味，依靠机械、服饰和装扮暂时撑持。"同样，学士院和哲学教席也就只是外在的门面，但它们似乎是真理的化身。但是与前面提到的聚会一样，真理通常都不会在这些地方出现而选择另投他处。教堂悠扬的钟声、神父精美的服饰、虔诚的表情、滑稽的举动全都是门面功夫，这些恰恰都是虔诚的假面。因此，对于我们把世上的几乎一切视为空心的果核这件事来说其实并没有什么错误，果仁本身就是稀缺品，而把果仁藏在果核里则更是少有的事。所以往往只能通过碰运气的方式，希望在另外的地方找到它。

衡量一个人是否得到幸福的生活，我们应该避免向他询问那些令他高兴的赏心乐事，而应该把考察重点放在那些让他心烦意乱的事情上。因为让他烦扰的事情越少、越微不足道，那么他的生活就越是幸福，这是因为如果我们连微不足道的烦恼都能够感受得到，那就意味着我们正处于安逸、舒适的状态。在面临很不幸的事情时，我们是不会对这些小事情有什么感觉的。

我们要时刻提醒自己不可以贪得无厌，向生活提出太多的索求。如果这样做了，那我们的幸福所要依靠的基础就会变大。依靠很大的基础才能够建立起来的幸福大厦倒塌的概率无疑更大，因为遭遇变故的机会增多了，而这样的变故却又无时不在发生。在基础方面，我们幸福的大厦与现实生活中的建筑物正好相反，后者扩大基础会变得更加牢固。因此，避免重大祸害的最有效途径就是综合考量我们的能力、条件，尽可能地降低我们对生活的要求。

通常说来，过分地为生活未雨绸缪是人们最常做的一件大蠢事，不管这种计划打算以怎样的方式实施。人们只有得享天年才能为将来做详尽的计划，这是首先必须要以作保证的事情，但事实上只有很少一部分的人才可以活至高龄。相比人们为未来定下的计划，即使他们活得再久，都感觉时间太短暂，人生太匆匆，因为达成这些计划总要花费比计划中更多的时间，除此之外，这些计划就像其他事情一样，都有因为遭遇太多的阻滞而失败的意外，很少能按照计划获得成功。最后，就算我们无比幸运，定下的所有目标都一一得到实现，但是我们却忽略了时间在我们身上带来的变化。我们在制定计划时，不曾考虑到我们并不可能在一生中始终保持创造的能力和享受的能力。所以，当我们埋头工作，终于到了目标快要实现的时候，我们才发现我们所取得的成果已经不再适合时代的需要了，或者我们成年累月为某一工作做准备，但这些准备工作在不知不觉中消耗了我们太多的精力，所以等一切都准备就绪了，我们就会发现我们再也没有精力进行计划中的工作了。所以，我们不辞辛劳地拼搏，历尽诸多风险，可是当我们终于获得了财富，但已经到了爷爷年纪的我们已不再有能力享受这些财富了。我们其实就是为了不相关的事情浪费了自己一生的春夏秋冬。或者，我们不顾一切，付出无数的艰苦努力，终于如愿爬上了某一职位，但我们却早已失去了胜任这一职位的能力了。诸如此类的事情或许人们已经司空见惯了。这是因为我们所追求的事物虽然开花了，但是结果来得太晚了。或者我们也可以说，是我们开始得太晚了，也就是说，就我们已经做出的成就或者贡献而言，可能时代的趣味已经改变了，不再需要我们做出来的成就了。新一代的人成长了起来，他们对我们成就所在的事情没兴趣，其他的人可能走了捷径，赶在了我们的前面，种种情形，不一而足。贺拉斯的话就蕴含了这个意思：

为何耗损你的灵魂！
它远远应付不了你定下的永恒的计划。

我们的思想之眼产生了不可避免的错觉，这种错觉会诱使我们犯下这一经常性错误。由于这一错觉的存在，所以当人们从人生的开始远眺未来，感觉未来的生活一望无尽，但是当生命的时光行到人生旅程的终点时，回眸审视一生的刹那，人们就会觉得生命其实相当的短暂。当然，任何事情都是相对的，产生这种错觉同样也有它的好处：因为如果人没有这种错觉，那么伟大的事情就很难产生。

在生活里，有些情形我们也会遭遇，比如我们像旅行者一样，迈步走近那些在远处看到的景物时，景物的形状却与我们在远处看到的发生了改变，这些景物形状就好像是因为旅行者的靠近而变换了似的。我们的愿望不正是这种情形的翻版吗？一般而言，我们向着目标前进，最终获得的并不是我们当初所追求的目标事物，它可能比我们当初所追求之物还要出乎我们意料得好。此外，我们在制订计划之初选择通过某一条途径来追求目标中的东西，但结果却一无所获，但在当我们无意换了另外一条途径重新开始拼搏时反而找到了它。除此之外，这样的情形也不时出现在我们的生活中：我们追求欢愉、好运和享乐，最终却得到的是教训、耐心和见识，我们原本目标中的那些匆匆的、表面的好处被最后收获的这些真实、永恒的好处取代了。在歌德的小说《威廉·迈斯特》中这一思想贯穿全书，它构成了这部著作的思想基调。所以，这本小说称得上是一部富有思想的作品。也正因为这样，在级别上，这部小说碾压所有的其他小说，甚至完胜华尔特·司各特伦理性的作品，换句话说，司各特的小说只是纯粹从意欲的角度描写和解释人性。这同样是怪异、但却意味深长的象形文字般的《魔笛》[1]在文章中透露的中心思想。粗重的音乐线条和舞台装饰时时刻刻在通过象征性的手法突出这一思想核心。如果在这歌剧的结尾处塔米诺要占有塔米娜的意愿消退了，取而代之的只是要求进入并且终于进入了智慧的宇宙，那么，这一中心思想就会表达得完美无瑕了。相比之下，作为塔米诺的必要的衬托人物的帕帕坚诺得到了他的帕帕坚娜却是合情合理的。具有高贵品质和卓越精神的人很快就会领会命运的教诲，他们能够心平气和地顺应命运并且心存感激。他们会明白：在这世界上能够提供给我们的只是教诲，而不是幸福。因此，他们习惯和满足于以希望换取思想和认识。最后他们与诗人彼特拉克[2]秉承了同样的思想："除了学问，我感觉不到任何别的快乐。"甚至，当他们在某种程度上追随着欲望的脚步，任凭它们摆布自己的时候，那也只是一种表面功夫和戏谑玩笑。其实，在他们内心的深处，他们真正期待的东西只有思想和教诲。这样的内心需求使他们具有了某种沉思的、天才的和高贵的气质。在这种意义上，我们也可以说，这样的事情与那些炼金术士所遭遇的情形一样：他们在只是寻找金子的过程中，一个不小心就发现了火药、瓷器、医药，甚至大自然的规律。

---

① 奥地利作曲家莫扎特创作的一部歌剧。

② 彼特拉克（1304—1374）：意大利诗人，人文主义先驱之一。

我们对待自己的态度

参与建设一座建筑物的工人们，并不会知道这座建筑物的总体规则以及布局，或者，他们虽然知道，但是不会在心里时刻记住这一规划。与此相同，一个人在度过生命中的每一小时、每一天时，他对于自己的总体生命进程及其特征也了解不多，意义不明。一个人的修改越别具一格、越具有价值和意义，那么，他就越有必要及时地认清自己生命总体发展的大致脉络和自己对于人生的大体规划，他会对此受益良多。以此为目的，他必须踏上“认清自我”[①]的第一步，也就是扪心自问自己的首要和真正的愿望到底是什么，这个结果直接影响到他的幸福。然后，他们必须对于何者排在第二和第三的位置做到心中有数。与此同时，他也应该大体清楚自己适合从事哪种行业、需要饰演哪类角色以及自

① 刻在狄菲的阿波罗神庙的格言。

己应该如何看待这一世界。如果一个人个性十足，而且他对自己的人生规划有一个大体的策划，那么这能比所有一切更高效地增强自己的勇气、鼓足他的信心，激励他付诸实践，避免走弯路。

就像一个旅行者一样，他只有停驻在一处高地后，才有机会回头观望总体的行程，连贯地审视自己所走过的迂回曲折的道路。与此相类似，只有我们活了一段时间后，或者在我们的生命即将终结的时候，我们才能把曾经做过的事、取得的业绩和创作的作品真正地从确切的因果关系出发联系起来，这样才能理解它们的意义和贡献。只要我们仍然置身于生命中，那么我们的行为方式就只能按照我们那一成不变的性格驱使，受着行为动机的左右和我们自身能力的制约。所以，我们的行事方式总是有根据的，我们现在做的事情，无一不是我们在此刻认为合理和正确的事情。只有事后产生的结果才让我们明白当时的我们到底做了什么事。我们只有回顾事情的整体，才能明白事情是如何发生的和为什么会发生这件事情。所以，当我们投身于伟大的事业或者致力于创作不朽的经典时，我们自己对这一点并不会有清楚的意识，我们只是在按照自己当时的计划和目标在完成这些工作，这些工作就只是当时应该做的事情而已。我们的性格和能力只有在连贯的生命总体中才会显现其本色。我们在遇到具体某一件困难的事情时，在自己的守护神的指引下，我们在杂乱纷纭的歧路中，偏偏选择了那唯一正确的道路，就像灵感在那一刻闪现。不管在理论上，还是在现实生活中，上述情形都概莫能外。相反，同样的原理也适应于我们所从事的无价值的和失败了的事情。此时此刻的重要性很少在当下就被我们清楚地知道，而只能是在过了很长的一段时间以后才能明白其是否重要。

关注现在和计划将来这两者之间达致恰到好处的平衡在人生智慧中是非常重要的一点，因为只有这样，现在与将来才不至于互相干扰。无忧无虑、漫不经心的人太过沉迷于现在，谨小慎微、忧心忡忡的杞人则更多地活在将来。只有很少的人在面对现在和将来时，能够在两者之间把握一个恰到好处的尺度。那些以希望和努力为支撑，生活在将来的人的眼睛只看前面，他们对将要发生的事情急不可耐，仿佛他们幸福生活的唯一来源就是将来的事情。在翘首期盼未来的事情期间，他们却对现在的事情不予理会、不加体味，放任现在悄然溜走。这些人的做法看似精明，但实质却跟意大利的一种驴子没什么区别：在驴子的头上人们插上一根系着一束干草的棍子，以此加快驴子行走的速度。因为干草近在驴子眼前，所以驴子以为只要不断向前就能够得到这束干草。上述那些人用一辈子的时间来欺骗自己，直到他们死去的那一天，他们都只是暂时地活着。只计划和考虑将来，或只一味沉湎于对过往的回忆都是不应该的。我们要时刻牢记：只有现在才是唯一真实和确切的。与现在对比，将来的发展几乎总是有别于我们的设想，甚至真实的过去也与我们对过去的回忆相差甚远。

总体来说，不管将来还是过去，二者不是表面看上去那么重要。与我们相距甚远的物体在我们的眼睛里是缩小的，但在头脑思想里是放大的。真正的和现实的唯有现时。现时的时间包含现实的内容，我们的存在唯独就在这一时间。所以，我们应该开心地迎接现在此刻，从而有意识地享受每一个在可忍受范围内的、没有直接烦恼和悲伤的短暂时光，也就是说，不要为我们过去的希望落空而使现在的我们变得郁郁寡欢，或者因为担心将来而导致现时遭到破坏。出于对过去的懊恼和对将来的担忧，我们拒绝享受美好的现在时光而选择任意地糟蹋它，这种做法无疑是彻头彻尾的愚蠢行为。在某一特定的时间我们可以用来操心未来或者后悔过去，但是在这个特定时间过去以后，我们就应该对已经发生了的事情采用下面的态度：

无论事情多么悲痛，我们必须让过去的事情成为过去，或许我们难以做到这一点，但我们必须降伏我们的乖僻心情。

——荷马

而将来的事情则

在上帝的安排之中。

——《伊利亚特》

一

应该

把每一天都视为一段特别的生活。

——塞尼加

我们只能为那些肯定会发生的，甚至连它发生的时间都已经确定无疑的灾祸忧心。但是，我们能够发现生活中属于这一类的灾祸少之又少，因为将来的灾祸要么极有可能发生，要么肯定会发生，但是，它什么时候发生却是无法确定的。如果我们不能让自己摆脱这两种灾害，那么，我们的生活将永远不得安宁了。为确保我们的安宁生活免受并不能确定发生或发生的时间并不明确的灾祸的侵扰，我们必须把这两类灾祸的前者看作是永远不会发生的事情，而后者则看作肯定不会在很短时间内发生的事情。

不过，我们的安宁生活越少遭受这些不确定灾祸的打扰，那它就越会被我们的意愿、欲望和期待所刺激。歌德有诗句："我从不寄托希望在任何事情上。"这句话就是说：只有当人摆脱了所有不切实际的期待，从而回到赤裸和冰冷的存在本身时，人才能体会到精神上的安宁，而精神的安宁是通往幸福的必由之路。精神的安宁是享受现时，乃至享受整个一生必不可少的状态。为着达成这个目标，我们必须牢记今天在我们的一生中只会出现一次，它永远不会再来。但在我们的想象中，明天就是对今天的重现。其实，明天不是对今天的重现，它已是又一个全新的一天，它同样只来一次。我们忘记了这样一件事情：生命中的每一天都是不可缺少的，它们是整个生命不可或缺的组成部分。实际上，我们往往只是把一天的时光视为在生命的名目下所包含的内容，就像在一个集合概念下所包含的各个单一事物一样。在我们生病、困难的时候，每当想起在此之前那些无灾无痛的时光，就会突然心生羡慕之情，那些祥和的时光就犹如不曾得到我们珍惜的朋友，对于此刻生病的我们来说，那些时光无疑就是被我们抛弃的天堂。健康、美好的日子值得被我们时刻牢记于心，只有这样我们才会更加珍惜和享受当下的美好时光。但我们却毫不在意地虚度我们美好的时光，只有当痛苦的日子真正来临时，我们才会想念和渴望曾经那些美好的时光。我们愁容满面，许多愉悦的时光未曾细细品味就流散在光阴中了，直到以后日子变得苦涩和令人烦躁的时候，我们才会为早已逝去的好日子而长吁短叹。这样做是不对的。我们应该珍惜现在的每时每刻，包括那些最平凡无奇的、我们曾对它们的逝去无动于衷的、甚至迫不及待想要尽快打发掉的日子。我们应该时刻牢记：此刻的时光匆匆地消逝，它们在岁月的柔光里化作神奇的往昔，从此以后，它只存留在我们的记忆深处，照射出不朽之光芒。在将来，每当我们遇到糟糕恶劣的日子，我们的记忆就会回到那时的时光，它已经变成了我们内心眷恋和思念的对象。

增进我们幸福的一大助力就是那些局限和节制。我们的视线、活动范围和人际交往的圈子越狭窄，我们就越能体会到幸福。相反，活动范围越大，我们感受到的焦虑和担忧就越多，我们的欲望、恐惧也就相应增加。因此，我们甚至看到盲人也不是完全像我们想象中的那样不幸，我们只要通过他们柔和的、几乎是愉快的宁静表情就可以得到这个结论。同时，由于这一规律的存在，我们后半生比起前半生往往显得更加悲惨。因为在我们的一生中，我们关系和目标的范围始终在伸展。在童年时期，我们的视野可能只局限于身边的环境和狭窄的人际关系。到了青年时期，我们视野较之前明显扩大了。进入成人期以后，我们的整个生命轨迹，甚至最遥远的联系、别的国家和民族都可能在我们的视线范围之内。当我们到了老年期，我们的目光所及就可能包括了后代一辈。所有的局限和制约，包括在精神方面的限制，都有助于增进我们的幸福。原因就在于我们对意欲的刺激越少，那么我们遭受的痛苦也就相应越少。我们明白，相比于痛苦的肯定性，幸福则完全是否定的。我们的活动范围受到一定的限制就可以消除对我们的意欲产生刺激的外在动因，而在精神上设置的制约则能够隔绝内在的动因。不过，需要我们注意的是，精神上的制约为人们的百无聊赖开了方便之门，而百无聊赖恰恰是导致人们痛苦的间接根源。人们为了摆脱无聊，不择手段寻求娱乐、社交、浪费、赌博、酗酒等等，这些行为最后带给人们只有种类繁多的沮丧、失落以及金钱损失。“人们无事可干的时候难以保持平静”。与此对比，尽可能地设置外在限制更能增进人们的幸福，这些限制甚至是追求幸福的道路上不可或缺的因素。这一点我们从这些唯一注重描绘人的幸福的田园诗歌中一探究竟，它们主要表现的对象就是那些在范围有限的环境中过着简朴生活的人们。同样，当我们在欣赏那些所谓的风俗画的时候，某种愉悦之情会不自觉地荡漾在我们的脸上。所以，我们应该尽可能简化我们的生活关系，甚至追求一种单调的生活，只要这种生活既不至于产生无聊，又会有助于我们获得幸福。选择单调、简单的生活，我们就能更少地注意到生活本身，并因此更少地感觉到来自生活的重负，而生活的本质就是重负。这样，生活才会流淌得像一条波澜不惊、漩涡不起的小溪。

我们对经历着的事情感到欢乐还是痛苦，归根到底是由我们的意识内涵来决定的。从总体上来说，与现实的物质生活相比较，单纯的思想智力活动，能给那些具备优越的思想能力的人带来更多欢乐，现实物质生活中的成功与失败总是变幻不定、难以界定，而与此紧密相关的就是人的心旌摇动和精神折磨。当然，从事纯粹的精神活动的人需要具备优异突出的精神思维能力。此外，值得我们注意的是，就像忙于外在的物质生活会对我们从事的研究工作产生干扰一样，如果精神生活所需要的宁静环境和专注状态得到保证的话，那么，持续从事精神活动会不同程度地削弱我们应付嘈杂、繁杂的现实生活的能力。因此，每隔一段时间，当我们需要着力处理实际生活中产生的问题的时候，选择暂时完全中断精神活动，或许会使我们因此受益。

我们必须勤于反省，经常回忆做过的事情和曾经有过的感觉和体验，只有这样，我们才能过上深思熟虑的生活，并且这种习惯能使我们从众多的生活经历中汲取一切有益的教训。除此之外，我们还要把以前对某些事情的看法和现在对它们的判断进行对比，把以前定下的计划及目标和最终取得的结果及满足程度进行比较。这是为获得人生经验所做的单独的反复温习。一个人生命中发生的事情可以比作一本书的正文，而对这些事情的体悟和反复认识则是对这篇正文做出的解释。如果一个人生活经历不足，但是对生活的反省和认识不少，那就相当于只有两行正文的文章，却配有四十多行的注解。同样的，如果一个人生活阅历广阔，但却很少对生活进行反省，在经历中获得的认识也少得可怜，这就好比一种比邦迪那版丛书，正文冗长，却很少注解，读者看后仍然有许多意思不甚明了。

毕达哥拉斯总结出来的规律与我们正在讨论的观点基本契合：一个人在晚上睡觉前，应该详细地逐一地反省自己在白天的所作所为。如果一个人在世俗的事务中忙忙碌碌或者纵情于感官享受中而对过往的事情不加反省，只是用今天的生活重复昨天的事情，那么，他的生活就会混沌，他的思维就会懒于进行周密地思考，他的情感世界就可能会荒无人烟。这样的人往往会说出短小、破碎、突厄的词句来。来自外部的刺激物越多，外在事物给予的印象越深，人的内在精神活动就越少，那这种情形出现的就尤其明显。

在此值得一提的是，经过较长一段时间的沉淀后，或者当时过境迁以后，虽然那些过往当时对我们影响很大，但我们再也无法体会当时面对这些事情时的情绪和感觉了，唯一能够想起的就是当时由这些事情所引发的意见和看法。后者是当时的事情性质的认定结果，是判断那些事情的尺度。所以，我们要小心保存那些值得回味的记忆和记录。在这一方面记日记或许能够对我们有所帮助。

幸福的要素与歧路

一个人如果能够自在且快乐，感觉到万物皆备于我，能理直气壮地说：“我的拥有就在我身。”那么他就拥有了构成幸福的最重要的元素。所以，亚里士多德说过的一句话我们应该拿来和我们自己进行比对：幸福属于那些容易感到满足的人（这也是尚福尔所表达的同一思想，我把这句妙语作为警句放置这本书的开头位置）。这其中的一个原因是人除了依靠自身以外，并没有确切把握能够依靠别人，另一个原因则是社会给人们带来的困难和挫折、烦恼和危险数不胜数、难以避免。

追求花天酒地的生活是通往幸福道路上的歧路。原因就在于我们总是妄图用连绵不绝的快感、欢乐和享受填满悲惨的人生。结果就是，欢愉过后，幻灭感从不迟到。这种生活的伴生物还有人与人之间的谎言与欺骗。

首先，相互迁就和忍让是社交场合对人们提出的必然要求，也正是因为这样，聚会的场面越大，参与其中的人就越容易哈欠连连。只有当一个人独处的时候，他才可以褪下伪装，完全成为自己。如果一个人不热爱独处，那他也就抛弃了自由，因为独处和自由总是形影不离。拘谨、掣肘不可避免地出现在社交聚会中。社交聚会得以组织的前提是要求人们做出牺牲，而一个人越是特立独行，那么做出这样的牺牲对他来说就越是困难。所以，一个人选择逃避、忍受或者选择独处和这个人自身具备的价值恰成比例。因为在独处的时候，一个可怜虫就会在无聊的心境中放大自己的全部可怜之处，而一个具有深刻思想的人则会独自体会自己丰富的思想带来的怡然自得。总之：给一个人感觉最深刻的还是他自身。进一步而言，根本上，一个人在大自然的级别中排的位置越高，那他就越孤独，这是必然的。如果一个人身体的孤独和精神的孤独同时出现，那他无疑会因此受益良多。否则，跟与自己志趣不同的人进行频繁的交流反而会扰乱心神，并被不断侵蚀自我意识，而这种损失他并不能够得到任何补偿。大自然在创造人时，它为不同的人设定了不同的道德和智力阈值，但社会对这些差别置若罔闻，对每个人都不偏不倚。更严重的是，由人为产生的社会地位和等级的差别取代了大自然定下的差别，前者通常和后者背道而驰。受到大自然薄待的人完全不必气馁，他们可能会受益于社会生活的这种一视同仁进而获得更良好的位置，而为数不多得到了大自然青睐的人也不能够洋洋自得，在社会的这种安排下，他们完全有可能只能选择较低的位置。所以，后一种人总是逃避社交聚会。而一个社交聚会一旦变得人多势众，平庸就会霸占聚会的话语权。社交聚会之所以会对那些才智卓越的人造成伤害，就是因为在社交聚会中，才智等级不一的人却获得了平等的权利。而这样的结果又会导致即使人们的才能水平不一，但是他们仍然对任何事情都提出同等的权利和要求。而不管他们的行为产生了怎样不同的结果，人们都要求别人承认他们对社会做出了同等的成绩和贡献。所谓的上流社会能够承认一个人在很多方面具有优势，但他们唯独不愿承认一个人在精神思想方面拥有优势，他们甚至抵制精神思想方面的优势。社会约束我们对愚昧、痴呆和不合理表现出最大程度的耐性，但一个具有突出个性的人却不得不请求别人对自己的宽恕，或者，他必须假装自己没有优越之处，因为即使你无疑对别人造成损害，但是优越突出的精神思想的存在本身就构成了对他人的威胁。所以，所谓“上流”的社交聚会，其缺点不仅在于我们必须和那些我们讨厌的人共处，同时，在这个场合内还禁止我们以自己的天性来呈现我们的本色。相反，它不断改变我们本心，采用各种手段强迫我们为了迎合别人而扭曲、矮化自己。具有深度的探讨和充满思想的论证只能属于由思想丰富的人所组成的聚会。在由平庸之辈组成的社交聚会中，人们对充满思想见识的谈话绝对深恶痛绝。因此，身处这种社交场合的人，要想取悦他人，获得别人的好感，把自己变得平庸和粗俗是他们的不二选择。所以，只有我们抛弃大部分做自己的机会和时间，我们才能达到与他人相像、默契的目的。当然，以失去自我为代价，我们获得了他人的好感和认同。但是，如果一个人的价值足够大，那么他就会发现这样的行为对他自己来说是得不偿失的，这无疑是一桩亏本的生意。人们通常都是无力还债的。平庸的人们把无聊、烦恼和否定自我施加在我们身上，但对此却无法做出补偿。百分之九十的社交聚会的实质都是如此。远离这种毫无意义的社交聚会，坚守独处的状态，那我们就是在做一桩精明的买卖。此外，因为在思想上真正优秀的精神不能轻易显露在社交聚会上，并且真正优秀的思想的确难得一见，所以用时尚或者时髦来代替它。而这种东西就是采用了一种虚假的、世俗的、建立在毫无规范可言的原则之上用以作为某种优越的表现，它在高级的社交圈子里随意传递着，就像暗语一样地可以随意修改。但是，它的弱点一旦和人的真正优势互相碰撞就会显露无遗。并且，“当时髦进入时，常识也就引退了”。①

大体来说，最完美的和谐只能是自己与自己达成，而不是与朋友或者配偶，因为人与人之间在性格和脾气方面存在的差异肯定会引起某些不协调，即使只是轻微不协调。所以，作为这尘世

---

① 法国谚语。

间仅次于健康的至高无上的恩赐，完全、真正的内心平和和感觉宁静也只有在孤身独处的时候才能得到，而这一心境要想长期得到保持，就只能深居简出了。如果一个人自身的思想丰富，又喜欢独处，那这个人就得以享受到这贫乏的世上所能提供的最幸福的生活状况。的确，我们可以这样说：人们被友谊、爱情和荣誉紧紧地联结在一起，但最终我们只能老老实实地依靠自己，顶多寄希望于我们的孩子。由于各种各样的条件，一个人越是不需要依赖他人，那么他的生活状态也就越好。我们即使不能一下子就感觉到孤独的坏处，但起码可以让我们一目了然。比较而言，社交生活的坏处却是深藏不露的：娱乐消遣、闲聊还有其他与人交往的乐趣后面掩藏着巨大的，通常是难以弥补的祸害。学会独处，承受孤独，是青年人首要学习的一课，因为孤独是幸福、祥和的源泉。据此可知，只有那些依靠自己，在一切事物当中体会自身价值的人才是幸福的人。所以，西塞罗说过，“一个完全依靠自己，一切称得上属于他的东西都存在于他的自身的人是不可能不幸福的”。此外，一个人的自身越丰富，那么，他向别人的需求就越少，也就越少受制于人。正是这一自身充足的感觉使那些具有丰富内在价值的人不想因为要与他人的交往做出必需的、显而易见的牺牲，他们更不会主动与他人交往而牺牲自我。相比之下，由于自身内在欠缺，平庸的人往往喜欢与人交往，喜欢迁就别人。这是因为与忍受别人相比，忍受他们自己往往更为艰难。除此之外，在这个世界上，人们很少注意的东西往往具备真正的价值，而那些夺人眼球的东西却往往缺乏价值。那些真正有价值的、出类拔萃的人都宁愿引退归隐就是上述观点的有力证明。据此，对于一个自身价值较高的人来说，如果他能够尽可能地减少自己的需求从而使自己的自由得到保证，同时他除了那些不可避免与他人打交道的事情之外，他很少与同类接触，那么这个人无疑具备了真正的人生智慧。

因为欠缺忍受孤独的能力，所以他们不得已才投身于社会交往的滚滚潮水中。在孤独中他们将自己的缺点完全暴露在自己眼前，他们无法忍受自己。在孤独时，他们内心对自己的厌烦和空虚会促使他们不间断地与人交往或者到外地旅行、观光。他们的精神思想无法让他们在自身中找到活力，欠缺一种让自己活动起来的弹力。所以，他们就妄图把酒精转化为迫切需求的精神，酒鬼正是产生于此。基于同样的道理，这些内在空虚的人只能通过得到来自外在的、持续不断的刺激，或者更准确地说，他们通过与同一类的人交往才能获取最强烈的刺激。而且一旦这种刺激不足，他们的精神思想就会在重负之下沉沦，最终陷进一种悲惨的浑噩之中。我们也可以认为，在人性理念的全部内容中，这类人都只拥有其中的一小部分内容。所以，他们缺失的部分需要来自他人的补充。只有得到这种外在的补充，他们才能在某种程度上获得人的完整意识。比较而言，只有作为一个独立的统一整体，而不是作为人的统一整体中的一小部分的人，才是一个完整的、真正的人。所以，这个人的自身也就是丰富且完整的。在这种意义上，我们可以把平庸的人比作那些俄罗斯的兽角乐器。每只兽角只能发出一个单音，只有把一曲音乐所需的兽角恰当地凑在一起才能完成演奏。大众无聊、乏味的精神和气质，恰似那些只能发出一种音符的兽角乐器。确实，很多人似乎一生只有某种一成不变的见解，除此之外，他们就再也没有能力想出其他的念头和思想了。从这点我们不但能够解释清楚为什么他们是那样无聊，同时也能说明他们为何如此喜欢与别人交往，尤其热衷于成群结队的活动。这同样是人类的群居特性。人们乏味的性格使他们无法忍受自己，“愚蠢的人饱受其愚蠢所带来的疲累之苦”[①]。只有人们凑到一块、联合起来的时候，才能有所作为。这与把俄罗斯兽角乐器集合起来才能演奏出音乐并没有什么区别。但是，一个具有丰富、深刻思想的人，却能够比作一个单独演奏音乐的乐手，或者我们可以把他比喻成一架钢琴。一架钢琴就相当于一个小型乐队。与此相同，一个思维活跃的人就相当于一个缩小版的世界。平庸的人需要相互补充才能得到人性的完整版，但这种人的单个的头脑意识本身就已经是一个统一整体了。就如同钢琴一样，他就是整个乐队，而不是一个交响乐队中的一个队员，他更

① 此处为英文。

适合独奏。如果他真的需要别人的配合演奏，那他一定是别的乐器伴奏的主音，就像钢琴在乐队中一样。或者，他就像钢琴那样定下声乐的调子。那些热衷于社会交往的人完全可以从我的这一比喻里面明白，交往人群所欠缺的质量只能在某种程度上通过人群的数量得到弥补。如果你有一个有思想头脑的同伴那就应该庆幸了。但如果你身边除了平庸之辈就再没有其他人了，那么，把这些庸人凑足一定的数量倒不失为一个好的办法，因为就像兽角乐器合在一起能演奏音乐一样，通过这些庸人各自的差异和相互补充，我们仍然会有所收获。祈求上天赐予我们耐心吧！同样，由于人们内心的贫乏和精神的空虚，当那些更加优秀的人为了某些高贵的理想目标而组成一个团体时，他们几乎无一例外都会遭遇这样的结果：在那规模庞大的人群当中，总有一些人混进或者强行闯进这一团体，他们就像覆盖一切、无孔不钻的细菌一样，时刻准备着抓住任何能够驱赶无聊的机会。过不了多久，这个团体要么遭到了破坏，要么就被迫改变了本来面目，与最初这一团体的组建初衷背道而驰。

此外，人的群居生活能够被看作人与人之间的精神取暖，就像人们在寒冷的时候拥挤在一起从身体取暖一样。当然，那些自身就具有非凡的思想的人是不需要与别人拥挤在一块的。在《附录和补遗》的第二卷最后一章里，读者会读到我写的一则有关于此的寓言。一个人对社会交往的热衷程度基本上与他的精神思想的价值成反比。这一句话，“他不喜好与人交往”，就几乎等于说“他是一个具有伟大素质的人”了。

孤独对一个精神禀赋优异的人来说有两重好处：第一，他可以与自己为伴；第二，他可以摆脱别人。在我们还记得社会交往所意味着的束缚、烦扰甚至危险的情况下，第二点就显得更加弥足珍贵了。拉布叶说过：“我们遭受的所有不幸皆因我们无法独处。”与人交往其实是一种相当危险的行为，因为与我们打交道的大部分人都是道德欠缺、智力呆滞或者行为反常的人。拒绝交际其实就是不愿接近这些人。如果一个人自身拥有足够的内涵，以至于他根本没有与别人交往的需要，这确实是一大幸事。因为我们遭受的所有痛苦几乎都源于与人交往，对我们幸福的重要性仅次于健康的平静心境，只要我们还在与人交往就有随时遭到破坏的可能。独处生活的不足，平静的心境对我们而言也就只能是奢望。犬儒学派哲学家之所以放弃所拥有的财产、物品，是因为只有这样他们才能享受心境平和所带来的喜悦。谁要是为了这样的目的而放弃与人交往，那他无疑是做出了一个最正确的选择。柏那登·德·圣比埃的话既准确又美妙：“节制与人交往会使我们心灵平静。”所以，谁要是在年轻时就能适应独处的生活状态，并且喜欢上了独处，那他就不啻获得了一个永不枯竭的金矿。当然，不是每一个人都能够这样做。就像人们从一开始就受到匮乏的逼迫而聚集在一起一样，即使解决了匮乏，无聊还是会把人们驱赶到一块。如果没有受到匮乏和无聊的影响，人们也许就能孤身独处，虽然其中的原因可能每个人都自认为非常重要，甚至以为自己是不可替代的，而独处恰好适合如此评价自己的人。生活在拥挤、嘈杂的世人之中，生活步履艰难，左右掣肘，心目中自己的重要性和独特性就会被大打折扣。在某种意义上，独处甚至可以说是一种自然的、适合每一个人的生活状态，独处赋予每一个人都能够像亚当那样享受最原始的、与自己本性相符的幸福快乐的权利。

当然，亚当与我们不同，他无父无母。因此，从另一方面来说，独处对于人又是不自然的。起码，当人来到这一世界时，他发现自己并不是孑然一身，他有父母、兄弟、姐妹，他是作为群体当中的一员来到这个世界上的。所以，热爱独处并不是一种原初的倾向，而是生活经验和理性考虑相互作用后的产物。而且，对独处的喜爱会随着我们精神能力的进展和年龄的增加而形成。因此，总体而言，一个人对社会交往的渴望程度正好与他的年龄大小相反。儿童独自待上一会儿就可能会惊恐和痛苦地哭喊。要一个男孩儿单独待在一个地方在他看来这是对他的严厉惩罚。青年人们总喜欢凑在一块，只有那些气质高贵的青年人才会尝试一个人孤独生活，但如果让他们单独待上一天的时间，则仍然是困难的。但成年人却能够毫不费力地做到这一点，他们的独处时间已经比较长了。并且，随着人的年纪越大，他的独处时长也就越长。最后，古稀之年的老者对生活中的感官快乐要么不再需要，要么已经完全淡漠，同辈的人都已一一逝去，对于他们来说，独处恰好适合他们现在的需要。但就个人而言，孤独、离群的倾向总是与一个人的精神价值息息相关。正如我前文已经讨论过的，这种倾向并不是完全自然和直接地源于我们的需求，它植根于我们的生活经验，是我们对此经验进行反思以后产生的结果，当我们对绝大多数人在道德和思想方面的痛苦和可怜的本质有所认识以后就会得到这样的产物。当我们看到一个人身上不仅存在道德缺陷，而且智力还不足，那这真是最糟糕的状况了，因为这两者会狼狈为奸，造成各种令人厌烦、不快的事情的发生。我们无法和大多数人进行愉快的交往，甚至很多时候会感觉无法忍受他们，就是因为这个原因。毫无意义的聚会的糟糕程度远超世界上任何糟糕的事情。甚至法国历史上著名的社交达人伏尔泰也不得不承认："在这世上，不值得我们与之交谈的人比比皆是。"个性温和的彼特拉克对孤独有着强烈的、永恒不变的爱。他也为自己的这种偏好说出了同样的理由：

我一直在寻求孤独的生活
河流、田野和森林可以告诉你们，
我在逃避那些渺小、浑噩的灵魂
我不可以透过他们找到那条光明之路。

在《论孤独的生活》里面，彼特拉克详细地论述了独处的问题。他的书看上去好像就是辛玛曼所著的《论孤独》的摹本。尚福尔则以其一贯的嘲讽口吻评价了这个导致一些人不喜欢与他人交往的间接和次要的原因。他说：有时候，人们在谈论一个喜欢独处的人时，会说这个人不喜欢与人交往，这样的说法无异于当一个人不愿意深夜在邦地森林①行走，我们就说这个人不喜欢散步。甚至温柔的基督教徒安吉奴斯②也以他别具一格、隐秘的语言表达了相同的意思：

希律王是敌人，上帝在约瑟夫的睡梦中
让他知晓危险的存在。
伯利恒是俗界，埃及则是孤独之处。
我的灵魂逃离吧！否则痛苦和死亡就等待着你。

和上述这些名人一样，布鲁诺也表示了同样的意见："在这世上，那些想过神圣生活的人，都异口同声地说过：噢，那我就要到远方去，到野外居住。"波斯诗人萨迪说："从此以后，我

① 邦地森林是巴黎市郊的充满危险的一小片森林。
② 安吉奴斯（1624—1677）：波兰天主教神秘主义诗人。

们告别了人群，选择了独处之路，因为安全属于独处的人。”他甚至说：“我厌恶我的那些大马士革的朋友，我在耶路撒冷附近的沙漠隐居，寻求与动物为伴。”总之，所有普罗米修斯用优质泥土塑造而诞生的人都持有这样的见解。这类优异、杰出的人与其他普罗大众之间的相似之处只存在于人性中最丑陋、最低级，亦即最庸俗、最渺小的成分。后一类人臭味相投，拉帮结伙组成了团伙，他们依靠自己的力量不可能达到前者的高度，所以他们采取无耻的人海战术，拼命把优异的人们拉到同自己一样的低端水平。这才是他们最渴望、最能获得成就感的事情。试想，与这些低劣之人交往又怎么可能得到喜悦和乐趣呢？所以，尊贵的气质和细致的情感才能得到孤独的青睐。无赖往往最喜欢与人交往，他们的确可怜。比较而言，一个人无法与他人交往，却能够从这种状态中得到乐趣，这就是这个人高贵本性的体现，他宁愿孤独一人，而无意与他人为伴。然后，随着年龄的增长，他会逐渐明白：在这个世界上，除了极少数的例外，其实只有两条路可供我们选择：要么孤独，要么庸俗。这话说出来虽然刺耳，但有着基督徒的爱意和温柔的安吉奴斯还是不得不这样说：

孤独是困苦的；
但可不要变得庸俗；
因为这样，你就会发现

到处都是一片沙漠。

对于那些具有伟大精神，是全人类心灵导师的人来说，避免与他人的频繁交往是一件再自然不过的事情，这就如同校长、教育家不愿意与吵闹、不停喊叫的孩子们一起做游戏、玩耍是同样的。引导人类穿过谬误的海洋，从而得以进入真理的福地，是这些人之所以来到这个世上的原因。他们的真知灼见帮助人类从粗野和庸俗的黑暗深渊中逐渐攀爬，用他们的智慧带领人们到达文明和教化的光明之中。当然，他们必须与世俗男女共同生活，但他们却从来不曾真正地属于这些俗人。从早年起他们就已经发现自己与他人存在巨大的差别，但他们需要通过时间的流逝逐渐认清自己的处境。在精神层面上，他们与大众本来就处于分离状态，现在，他们又刻意与世人保持身体上的分离。任何人都无法真正地靠近他们，除非靠近他们的人并不是泛泛的平庸之辈。

由此可知，喜爱孤独并不是人的原初欲望，它是间接形成的，而不是直接形成的。它主要形成于那些具有高贵精神和深刻思想的人们身上。在这个过程中我们避免不了要降服存在于天性中的、渴望与人交往的冲动，还要不时地抗拒魔鬼靡菲斯特的糖衣炮弹：

停止抚慰你那苦痛吧，

它像一只恶鹰吞噬着你的胸口！
最糟糕的人群都会让你感觉到
你只是人类中的一员而已。

——《浮士德》

精神卓越的人注定要面对孤独的命运：虽然孤独的命运会让他们唏嘘不已，但是他们总是两害相权取其轻地选择了孤独。随着岁月的流逝，他们在这方面做到“让自己遵循理性”时已经越来越容易了，表现的也很自然。当一个人的人生旅途到达60岁的时候，他对孤独的渴望就已经完全合乎自然了，甚至渴望孤独已经发展成为他的某种本能了，因为人活到这个年纪，促成孤独的所有因素都得以结合在一起，进而使人形成了对孤独的渴望。这个年纪的人已经对社交的强烈喜好有所下降，对性的欲望也已经冷淡下来了。实际上，老年人无性欲的状态为他们得到某种自足无求的状态打下了基础，而自足无求的状态会一步步地淡化人对与他人交往的渴望。我们放弃了繁花锦簇的幻象和愚蠢行为，我们终止了活跃、忙碌的生活状态。此时，没有东西仍然值得我们满怀期待了，我们也不再有什么计划和目标了。与我们同一代的人也所剩无几了。周围的世界属于新生人群，对我们完全陌生的一代。事实上，我们成了一种客观的、真正孤零零的存在。时间飞速地流逝，我们更愿意把已经不多的时间投入精神思想方面。因为只要我们的头脑仍然能够积极运转，那么，我们就能运用我们所积累的丰富知识和经验，以及已经逐步得到完善的思想见解，辅之以我们所掌握的运用自身能力的高超技巧，都使我们对事物的研究比起以往更加容易和有趣。无数以前还是很模糊的东西，现在我们都可以看得清晰明白了。模糊的事情总算有了个水落石出的结果，我们就会感觉拥有了某种优势。丰富的阅历使我们能够理性看待对他人的期待。因为，总的说来，并不是所有人在通过我们的了解后都能得到我们的好感和认同。与此相反，现实生活中，只有在超级幸运的偶然中能遇到一些特殊的例子以外，我们碰到的往往都是人性缺陷的标本，除此之外不会再遇到别的东西了。面对这些人，我们最好的选择就是敬而远之。这样，就能够摆脱生活中一些常见幻象的迷惑了。我们看过一个人的外在行为举止能够判断其品行性格，这样，我们就不会还像以前那样希望进一步更深入的和这些人接触了。最后，如果我们有幸能够在青年时期就和孤独成为好朋友，那么与人保持距离、与自己为伴的习惯将成为我们的第二天性。这样，热爱独处就会变成最简单和自然不过的事情。但在这一切得以实现之前，它却必须先和社交的冲动做一番斗争。在孤独的日子里，我们自由自在、如鱼得水。所以，任何鹤立鸡群、形单影只的优秀者，在他们年轻时都摆脱不了必然的孤独所带来的压抑，但当他们老了，他们就能够放松地长舒一口气了。

当然，一个人的思想智力水平将会决定这个人对老年时期好处的享受程度。因此，虽然每个人都能够在某种程度上获得老年期带来的好处，但毫无疑问，只有那些精神卓越、智力超群的人才能最大限度地享受老年时期的好处。只有那些智力水平低下和个性平庸的人才会到了老年阶段仍然像在青年时期一样，在追逐世俗人群中乐此不疲。而他们乐此不疲追逐的群体早已不再适合他们了，和他们同样性质的年轻人取代了他们在欢乐场中的位置，在这个群体中，他们对于别人来说既啰唆又烦闷，在这里他们能得到的只有别人对他们的忍耐。但他们在年轻时，无一不是这里最受追捧的人。

我们的年龄和我们对社交的热衷程度成反比，这体现了哲学上的目的论的正确性。一个人年龄越小，他就越需要学习各种各样的知识。而社交就是大自然为年轻人提供的可以互相学习的平台。人们在与和自己年龄相仿的人交流时，通过语言我们可以达成互相学习的目的。在这方面，人类社会可被称为一个规模空前的贝尔·兰卡斯特模式的教育机构。通常的学校和书本教育是人为的，因为他们不属于原来的大自然。因此，一个人越年轻，他就越对进入大自然的学校兴趣浓厚，这符合大自然的预设。

就如同贺拉斯所说的，“完美无瑕在这个世界上根本不存在”。一句印度谚语说：“没有不带茎柄的莲花。”因此，纵然独处有着诸多的好处，但它确实也会带来一些微小的不便和麻烦。不过，这些不便和麻烦与跟乌合之众在一起带来的坏处相比却是微不足道的。因此，一个内在价值丰富的人肯定会发现自己一个人生活往往比与他人一起生活更舒服自在。但是，在孤独生活中存在的诸多不方便中，一个坏处却总能够避开我们的注意，就像那些持续待在房间里的人，对室外环境的变化十分敏感，一小阵冷风就可能导致他们生病。与此相同，长期独自居住的生活状态同样会让我们的神经异常敏感，即使是一些鸡毛蒜皮的小事或者别人无意的话语，甚至别人的表情、眼神，都可能让我们的内心惴惴不安和精神痛苦。相比之下，一个在热闹、繁忙环境中生活着人则全然不会考虑这些毫无意义的小事。

如果一个人是由于他厌恶别人，迫于畏惧而只能选择孤独一人生活，那么，孤独生活的阴暗面将长时间困扰着他，尤其是在他年轻的时候。对于这种人，我的建议就是他们需要逐渐学会把一部分孤独感带进社会人群中去，学会在熙熙攘攘的人群中恪守一份自己的孤独心境。要做到这样，他就要学会把自己随时随地产生的想法掩藏起来，而不是随意告诉别人。此外，他也不能随意相信别人的话。不管是道德上的还是思想上的期待，他不能太依赖别人。面对别人的评论，他应该摆出一副淡漠、无动于衷的面孔，因为这是一个培养值得称道的宽容的最切实可行的手段。即使他生活在世俗之中，他也不可能完全融入这个世俗社会，他与众人应该保持一种最大限度的客观联系。这样的客观联系会使他与社会人群的联系不致太过紧密，进而避免自己遭到别人的恶意中伤和侮辱。我们在莫拉丹所写的喜剧《咖啡厅，或新喜剧》中找到了关于这种与人交往的节制方式，尤其在剧中第一幕的第二景中描绘D.佩德罗的性格的时候更是直白明了。从这种意义上说，社会人群就像一堆火，聪明的人在取暖的时候懂得与火隔开一段距离，而不会像傻瓜那样一头扎入火堆。后者在灼伤自己以后，再一头扎进寒冷的孤独之中，大声地控诉着灼人的火苗。

嫉妒:幸福的敌人

嫉妒存在于人的自然本性中，我们可以称它是自然的，但也应该明白它既是一种罪恶，也是一桩不幸。所以，它就是我们通往幸福终点站的拦路虎，我们应该像武松对付老虎一样，举起拳头砸碎它。对此，塞尼加的看法是："如果不跟别人作比较，那我们就会为我们所拥有的感到快乐；如果由于别人比我们更加幸运而内心不安，那我们将永远不会快乐。"另外，"如果你看到很多生活得比你好的人，那你就想想有多少处境比你糟糕的人吧"。因此，我们可以多想一想那些生活比我们更为艰苦的人们，因为那些处境比我们好的人只是表面上比我们好而已。甚至在我们身处实际灾祸中的时候，最有效的安慰就是想到那些遭受了更加巨大的痛苦的人，其次就是多跟那些和我们一同遭难的与我们同病相怜的人交往、接触。

关于嫉妒的主动一面，就谈论这些。至于嫉妒的被动一面，我们一定要明白：嫉妒是所有恨意中最难以消除的一种。出于这个缘故，我们一定不可以不间断地强烈刺激它。相反，我们最明智的选择就是放弃对这种快感的享受，就像对待其他的快感和乐趣一样，以免遭受其带来的不良后果。世界上存在三类贵族：1. 基于出身和地位的贵族；2. 基于金钱财富的贵族；3. 精神思想方面的贵族。和前两类相比，最后一类才是真正高贵的贵族。只要他们拥有足够的时间，他们的尊贵就会显露在世人面前，并得到人们的敬意。腓特烈大帝就曾经这样说过："具有优越灵魂的人占据和帝王同等的地位。"他对内廷总监也说这样的一番话，因为内廷总监看到部长大臣和元帅们被安排和他坐在同一张桌子上吃饭，而伏尔泰却被安排在只留给国王和王子的桌子上吃饭，这让他很反感。这三类贵族有个共同的特点就是在他们的周围都聚集着一大群满心嫉妒的人，这些人私下里看着别人拥有的尊贵而备受煎熬。当这些满怀嫉妒的人不再需要这些尊贵者时，他们就会千方百计地采取各种不同的方式让这些尊贵者知道："你们并不比我们强得了多少！"可惜，他们的这种行为恰好暴露了他们内心中对与此相反的说法是毫不怀疑的。容易引起别人嫉妒的人面对这些容易嫉妒别人的人就应该采取措施，和这些人保持一定的安全距离，尽量避免与他们产生太多的接触，以便双方都可以保持这个安全的界限。如果做不到这点，那么，最好的办法就是保持最大限度的从容和镇定，原谅那些疯狗一样攻击你的嫉妒者吧，因为我们的优秀是造成嫉妒者发起攻击的原因，我们的优秀已经足以抵消他们的攻击，这是对付他们的一种比较实用的办法。与此同时，这三类贵族之间各自保持相安无事的状态，他们之间并不会产生嫉妒心理，这是因为他们都拥有各自的优势，这种优势在他们之间达致平衡，抵消了可能产生的嫉妒心理。

我们在打算将某一计划付诸实践前，应该先把这一计划仔细考虑一番，即使每一个细节都经过了仔细考虑，我们仍然需要为人类知识的有限和不足留下余地。因为一些我们可能考虑不到的情况或者无法预知的事情总会时有发生，而这些不在我们计划范围的情况一旦发生就会对我们的全盘计划造成很大的影响。这种顾虑会在消极的一面影响我们，时刻提醒我们面对重大事情时，如果不是必须采取行动就不要轻举妄动，常言道“一动不如一静”。但是一旦我们的决定已经完成了，并且已经开始按照决定进行了实践。那么，接下来我们就只需静待结果，让事情自然发展。这个时候，我们就不要总是自寻烦恼地不断回头审视已经开始实施的事情和担忧随后可能遭遇的危险了。这个时候，我们最应该做的事情就是把整件事情抛在脑后，不再去想它，因为我们都不是电脑程序，我们需要在确定一切自己能考虑到的事情得到充分考虑时平静下来，休息一下。有一句意大利谚语向人们提出一条建议，歌德把它译为：“为马备好了鞍子，就让它出发吧！”

顺便说一句，歌德收集的许多谚语和警句都来自意大利民谚。如果事情的结局很糟糕，那也不奇怪，所有人为事物都有受到偶然和错误戏弄的可能。世界上最有智慧的苏格拉底，即使是他在处理自己的私人事务时也同样需要得到某种给予他警示的魔法的帮助，以便做出正确的选择，或者起码通过这种方法来规避错误。这件事情证明人的智力水平的高低，不足以保证事情的发展结果。这种说法最先出自某个教皇之口，即我们遭遇的每一件不幸的事，我们在很大程度上都应该负很大责任。人们竭尽全力去遮掩和粉饰自己遭遇到的不幸，而且费尽心思装出一副风轻云淡的样子，就是因为他们对此真理有所感觉：他们害怕别人从他们的不幸遭遇中推断出他们身上存在的罪责。

已经发生的、不可更改的不幸发生在我们身上的时候，我们最不应该产生的想法就是，事情的结局不应该是这个样子的，剧本应该有另外的一个结局，更加不应该假想我们本来可以阻止这一不幸的发生。因为这种想法唯一的作用就是加剧我们的痛苦程度。所以，我们也就不要再因此而折磨自己了。我们应该学习大卫王，把他作为我们的榜样。大卫王的儿子患病在床时，他不停地向耶和华上帝乞怜、祷告，希望上帝可以救助自己的儿子，但当儿子死了以后，他就打了个响指，死了儿子这件事情他再也不想了。那些时刻绷紧自己心情的人，必须借助命运论的观点安慰自己，因为命运论可以让他们得到一个这样的真理：所有发生的事情，都必然发生，是不可避免的。

不过，这一条规则也不是全面的。在遇到不幸的事情时，它有助于安慰我们，使我们得以放松，但如果我们像以往那样轻率、鲁莽的要为我们的不幸承担部分责任，反复对当初如何才能防止不幸的发生进行令人痛苦的思考，这是我们理应接受的某种有益的惩罚，我们通过这个惩罚吃一堑长一智，这对以后我们的发展大有裨益。在犯下明显的错误以后为自己开脱责任，淡化或者粉饰错误是不应该的，但这又好像是我们经常做的事情。犯了错误，我们就应该勇敢地承认错误，弄清楚这些错误的严重性，只有直面错误，我们才可以下定决心在以后避免重蹈覆辙。当然，既然要面对错误，我们当然就免不了要进行一番痛苦的自我剖析了，但是，“不接受惩罚教训就不可能进步”。

对于一切可能导致我们痛苦和快乐的事情，我们都应该牢牢拉紧想象力的缰绳。首先，我们不要在空中楼阁的修建上白费力气。它们不仅昂贵，而且用不了多久，伴随着一声叹息它们就会被夷为平地。但是，我们更要警惕不要无限夸大想象那些只在可能状况下发生的不幸，以免受到不必要的惊吓。如果不幸完全被极度地夸大了，或者不幸只是幻象，那么，当我们醒来以后，这些幻象马上就会消失，我们会为现实中没有发生不幸而感到高兴，而且我们会对遥不可及的，但毕竟有可能发生的不幸有所警觉。但是，我们的想象并不会随意戏耍没有根据的东西，无聊到爆的时候，我们的想象顶多也只是建造一些放松我们心情的空中楼阁。而这些构成我们阴暗想象的材料在某种程度上的确可以对我们的幸福造成威胁。这类不幸和它们发生的可能性被我们的想象夸大了数倍，并且采用令人害怕的色彩对这些不幸进行描画和渲染。从这些噩梦中清醒过来以后，我们仍然不能马上摆脱这些噩梦，但是，我们做过的美梦却在我们醒来后马上就被忘掉了，这是因为这些美梦很快就会遭到现实的驳斥而被推翻。现实顶多只让人们保留着实现一线希望的可能。一旦阴暗的想象俘获了我们，它们就会给我们制造出各式以假乱真的幻影、形象，而且因为我们没有能力对这些幻想中的事情是否有可能发生做出估计，况且这些事情发生的可能性的确存在，所以这些幻象并不那么容易消失。只是进过我们想象放大后，本来只是有可能发生的事情就会显得很有可能发生了。如此一来，我们面对担忧和害怕就毫无抵抗之力了。所以，任何事情只要涉及我们的痛苦和快乐，我们都应该用理性去判断、观察和考虑，进行冷静细致的、不掺杂个人情绪的思考，运用纯粹的概念进行抽象地操作。我们思考的时候不应该掺杂想象的内容和过程，因为想象只会打乱我们对于事情真相的判断，扰乱我们清晰的情绪，徒增我们的痛苦，而我们不会收获一点儿益处。在晚上，我们尤其需要严格遵守这一条规则，因为正如黑暗会使我们害怕一样，它会让我们看到到处都是令人害怕的东西，我们想象中的暗晦模糊事物也对我们产生类似的暗示，这是因为任何不确定的状况都会让我们有不安全感。因此，在晚上，当我们的思想放松的时候，某种主观的暗晦就会笼罩我们理解力和判断力，我们的智力随之变得疲倦和呆滞，这时我们已经无法深入理解和探究事物的本源了。我们静思默想的那些与我们相关的事务，在这个时候就很容易会蒙上一层危险可怕的外衣，变成骇人的图像。当夜幕降临，我们躺在床上时，这种情形就时有发生。因为每当这个时候，我们的精神完全放松下来了，我们的头脑因此无法处理它接收到的任务，但是此时的想象力却异常活跃。夜幕为所有的一切都蒙上一层黑色光晕。因此，在我们即将入睡，甚至当我们一觉醒来的时候，意识中充满一些颠三倒四的东西，就像醒来的我们还沉浸在梦中一样。如果是我们的个人事情，那它们一般都会显得晦暗，甚至很恐怖。早上醒来，这些让我们瑟瑟发抖的影像就会像梦一样消散了。就像一句西班牙谚语说的那样："日间是白色的，夜晚则是有色的。"在夜晚，即便我们点燃了蜡烛，我们的判断力仍然只能像此时我们的眼睛一样，不能像白天那样清楚地观察事物了。也正因为这样，我们在晚上总是不能进行严肃地思考，尤其是那些让我们不高兴的事情。早晨则正好适合思考这些不快事情。毫无疑问早晨适合人们从事任何精神上的或者体力上的工作。早晨在一天中相当于人在青年的时候：一切都是明亮、清新和轻松的。我们浑身上下充满活力，能够酣畅淋漓地发挥我们的激情。我们实在不应该赖床而浪费掉早晨的时光，或者被毫无意义的工作和闲聊占据这段时间。相反，我们应该把早晨当作是生命的黄金期，并在某种程度上把它视为神圣的光阴。对比而言，夜晚相当于是人一生中的老年期，每当夜晚时，我们的身心就会变得疲倦、轻率和饶舌。每一天都可以算作短暂的一生：早上醒来就是诞生，晚上睡眠就是死亡和结束。所以，每天晚上我们睡着了就是我们的死亡期，而早晨我们醒来就是我们新的诞生期。实际上，起床时候的不适和困顿，我们完全可以视为出生时的艰难状况，这样，我的比喻就已经完全彻底了。

但是，就常规状况而言，我们的健康与否、睡眠的好坏以及营养、温度、天气、环境等其他很多的外在因素会极大地影响我们的情绪，而情绪又会进一步干扰响我们的思想。所以，我们对事情的观点和我们能力得以发挥的程度不仅受制于时间，甚至还受制于地点。因此，

要留意那严肃的时光，

因为它甚少来临。

——歌德

我们不仅要静候来无影去无踪的客观思想和独特观点的到来，而且即使在计划的时间里，我们已经准备妥当去认真谋划某

些事情了，但成功也不是每次都会垂青于我们。这些都需要特定的时间，到了那个时候，我们心中对于这件事的思路就会自然而然地产生，而此时我们就能全身心投入其中了。

至于我所推荐的要抑制我们的想象这个问题，我要补充的是，不要任凭我们的想象把我们以前遭遇的不公、侮辱、轻视、损失等具化为实实在在的图像，因为这些图像无疑会刺激到我们已经深潜下来的愤怒、怨恨及其他负面情绪。当然我们的情绪就是这样被败坏的。新柏拉图主义者波洛克利斯有这样的一个比喻：在每个城镇里面都居住着高贵杰出的精英和卑鄙低劣的贫民，同理，在每一个人的身上，同样存在着各自深层的某些深藏在人性，甚至动物性中的极其顽劣丑恶的成分，千万不能煽动这些暴民起来闹事，也绝对不能允许他们从窗口张望外在的风景，因为外面的风景会映衬出自己的丑陋。而我刚刚谈到的那些想象中的事物，正是煽动暴民造反闹事的元凶。此外，值得一提的是：即使最微不足道的，不管是出于人还是出于事的烦恼，如果我们的脑子里不停地想着它，总是以强烈的色彩渲染这一烦恼，这个原本不值一提的烦恼就会膨胀成巨大的灾难，让我们对它毫无办法。当我们遇到不愉快的事情时，我们应该提醒自己保持最大限度的客观、求实态度，只有这样，我们才能不乱阵脚地接受它们。如果贴近我们的眼睛放置一个细小的物件，它就会限制我们的视野，我们就没有办法看到其他别的东西。同理，与我们有直接接触的人和事，尽管都是无关紧要的小事，但这些小事却经常过度吸引我们的注意力，并占据了我们的思想，甚至导致我们不快。这样，我们就无暇顾及更重要的思想和事情了。毫无疑问我们应该抵制这种倾向的发生。

当我们注意到某样东西时，很可能在下一秒就会产生这一念头："呀，如果这个东西是我的就好了！"这让我们觉得我们的生活缺少很多东西。其实，我们这样想才是合理的："呀，如果我把某样东西搞丢了，那将是怎样的情形？"有时候，我们不妨想象一下当我们失去了我们原来所拥有的某样东西时，我们将会如何看待这件我们失去的物品。的确，对于那些我们拥有的物品，我们都应该有这样的觉悟：不管是财产、健康、朋友、妻子、孩子、我们所爱的人或者马匹、爱犬等等。因为在通常情况下，只有我们失去了某物以后，我们才会懂得珍惜它。如果读者采用了我在上述提到的看待事物的方法，那么，第一，我们会很快为我们现在就拥有的事物感到直接的、比以往都更大的喜悦；第二，我们就会竭尽所能防止失去我们的拥有物。这样的话，我们就再也不会拿我们的财产去激怒我们的朋友，不会让对我们忠诚的妻子受到他人诱惑，不会忽视孩子的健康等等。正常情况下，为了改变现在的灰暗生活，使日子过得生色明快，我们幻想着种种美妙的可能，发挥我们强大的想象力，想象出五光十色的诱人景象，而这些景象的背后全都孕育着失望。一旦这些景象被残酷的现实击碎，失望就会蜂拥而至。如果我们把更多的心思放在可能出现的种种不利情况上，那么我们反而有可能因此获益。因为这样做第一会促使我们采取相应的防范措施；第二，一旦本以为一定要发生的不好的事情并未发生，那就相当于我们得到了意外的惊喜。在经历一番忧虑以后，我们明显变得更加心情舒畅了。实际上，我们不时去想象一下那些可能会发生在我们身上的不幸和巨大的灾难，其实也是一件好事，我们由此能够更加容易承受随后确实发生的许多微小的不幸，因为我们能够这样安慰自己：毕竟那些巨大的不幸还没有发生。但是，在考虑这条规则时，我们千万不要忽略了在这之前的那条规则。

和我们相关的事情各自发生，没有先后之分，相互之间没有任何关系，它们之间鲜有相同点，这些事情之间唯一的相同之处就只是它们与我们有关而已。也正因为如此，所以我们应该在考虑和处理这些事情时，做到干脆利索，绝不拖泥带水，切忌犹豫不决。所以，当我们处理一件事情的时候，把一切与此事无关的事情置之度外才是我们应该做到的，在合适的时间关注某一件事情，为它担忧或快乐，其他事情则一概不予理会。用个比喻来说吧，这就相当于我们拥有一个存放思想的抽屉柜，当我们拉开一个抽屉时，其他的抽屉是不能拉开的。如果我们这样做了，那么我们就不会因为在思考一个深刻的问题时失去那时所拥有的欢愉，我们内心的祥和也不会因为思考这件事而被剥夺。而且我们对一件事情的思考也就不会被另一件事情扰乱了，也不会因为对重大问题的关注而忽略许多细小问题等等。尤其需要我们警惕的是：一个具有深远思想和高贵灵魂的人绝对不会让自己的精神思想完全被私人琐事和低级烦恼所占据，从而导致他们无法深远、高尚地思考事物，因为这样做的话，无疑就是“为了生活而毁坏了生活的目的”。当然，要做到自如地掌控自己，那么自我约束就是必不可少的，这也是要做好任何事情的先决条件。为实现这一目标，我们的大脑中必须要有这样的想法：我们每个人都一定会承受很多来自外在的困难和制约，如果这些制约不存在了，那么生活也就失去了它本来的样子。适当时候对自己进行小小的约束会在以后的日子里摆脱很多外在的桎梏，这就正如在一个圆圈里，紧靠着圆心的小圆圈对应着圆周圈，后者经常比前者大上数百倍不止。加强自律比起一切其他手段都更高效地使我们摆脱了外在阻碍。就像塞尼加所说的：“如果你想把一切都纳入你的控制，那么，你就把自己纳入理性的控制吧！”而且，自我约束在我们自己的能力范围内是可以做到的，在被逼无奈的时候，或者，当这种制约已经到了我们最敏感的地方，情形已经让我们痛苦不堪了，那我们要予以放弃。与此相比，来自外在的阻碍却是严苛和残忍的，没有丝毫的怜惜之情。所以，通过自律以摆脱外在桎梏是相当明智的。

我们应该给我们的愿望设置一个度，用来控制我们无尽的欲望，抑制我们的愤怒，时刻牢记着这一事实：在这世上有着许多让我们喜欢的东西，但我们只能获得其中很少的一小部分，相比之下，很多的灾祸却一定会降临在我们的头上。换句话说："放弃和忍受"就是我们的生活准则。如果打破这一准则，我们就会感到贫乏和可怜，就算再多的财富和再高的权位也对此毫无办法。贺拉斯的诗句说的就是这个意思：

详察你的所作所为，向智者请教如何才能心安理得、轻松地度过一生，免受对无用之物的欲望、希冀所带来的煎熬和折磨。

亚里士多德说："生命在于运动。"显然他说的对。我们的肉体要想保持活力，就必须不停地运动，内在精神生活也永远需要展开运动，可以通过思想，也可以通过做事。这方面的证据就是：当没有思想的人百无聊赖的时候，就会时刻不停地敲击手指，或者随便一件手头上的物件他们都可以敲打敲打。换言之：我们的生存在实质上处于动荡不安的状态，所以，绝对的静止很快就会让我们心烦意乱，因为与它相伴的是可怕的无聊。人这种活动的冲动应该得到调节从而获得合理的、更好的满足。所以，如果条件允许的话，能够从事某种活动，制作某样东西，或者至少学习某种技能，对于我们获得幸福是绝对必要的助力。一个人的能力需要得到适当的发挥，而且，他也渴望看到发挥自己能力以后可以达到怎样的效果。在这个方面，制作或者完成某件东西，无论这件东西是一只篮子还是一本著作，它都会给我们极大的满足感。当我们看到正在做的工作每天都有所进展，并最终得以完成，我们得到的是一种直接的、纯粹的快乐。当我们着手创作一件艺术品、撰写一篇稿件，甚至从事某种手工制作，它们都会给我们带来快乐。当然，我们的作品越高级，我们的喜悦就越大。那些天赋异禀，同时也清楚地知道自己有能力创作内涵丰富、影响深远的巨著的人，在这个方面完全可以称得上是最幸福的人了。因为在他们的一生中，都怀有一种很高层次的志趣，这种兴趣使他们的生活平添一种凡人的生活所缺乏的味道。所以，相比之下，凡人的生活都是毫无乐趣可言的。对于上述禀赋优异的人来说，人生、世事以及所有平凡的和物质的事物，都具有另外某种更高级的、形式上的趣味性，因为所有这些事物都是他们创作主题的潜在源泉。只要个人物质生活的困境稍微让他们有了喘息的机会，他们就会花一辈子的时间投入到收集这些原材料的工作中去。他们在某种意义上具有双重的智力：一重用于处理日常的关系（即关乎意欲的事情），在这方面他们和常人没有太大区别；另一重则在于他们发挥对事物的客观性的理解上面。出于这个原因，他们的生活具有双重性，既当袖手旁观的看客，又是置身舞台的演员。而一般的大众则只是后者而已。但无论如何，每一个人都会发挥自身的才智干出一点事业来。百无聊赖在我们身上造成的不良影响可以从我们进行的长途旅行中看得出来，因为在那时，我们偶尔会感到不开心。一旦无所事事，人就像脱离了自己的原始本性。我们克服困难，打败挫折，选择努力奋斗其实是我们的一种需求，这种需求和钻洞之于土拨鼠是一样的。持久满意所导致的完满只能是我们停滞不前，这无疑会让我们无法忍受。排除障碍和克服困难能够让我们获得充分的快乐。这些障碍和困难可以是物质方面的，同样也可以是精神方面的，就像在学问和研究中存在的问题那样。我们向这些困难、障碍发起冲锋并击溃他们，会让我们得到快乐。如果这样的机会不存在，人们就会竭尽所能各自依据自己的才智制造出这样的机会。他们有的人去狩猎，有的人去打球，又或者受到本性无意识的驱使去寻衅吵架、玩弄阴谋诡计、施展造假骗人的勾当，或做出其他种种不良行为。而人们之所以这样做，原因不过就是他们想要借此摆脱那令人心烦意乱的百无聊赖的状态。“无事可干的时候，难以保持平静”。

我们行动和努力的指南必须是实实在在的内容，应该是深思熟虑后的概念。但现实中，实际发生的状况却恰恰与此相反。对此，我们只需仔细检查一番就能够发现：最终敲定我们选择的，通常不是概念和判断，而是我们想象中的不实在的幻象。其实，后者无非只是我们的选择之一。在一本伏尔泰或者狄德罗写的小说中，男主角是一个青年，他以赫克利斯大力神的形象站在了十字路口，美德则化身为皇子太傅式的人物：左手拿着鼻烟壶，右手捏着一撮鼻烟，向男主角进行着道德说教；罪恶的形象却是男主角母亲的贴身女仆。尤其在青年期，我们的幸福目标往往固定为某些具体的图像。这些图像不断出现在我们眼前，这样的状况通常持续我们的半生，甚至整个一生。这些图像是诱惑人们的幽灵，因为当我们终于抓住它们的时候，它们却变成另外的样子了。我们由此获得了经验：这些图像不可能真的给予它们所展现的东西。我们印象中的家庭生活、社交聚会、乡村生活，甚至我们对居所、环境以及他人表示的敬意等等的想象图都可以归于这一类性质。即便我们的爱人留在我们想象的图像里，也往往属于相同的类型。“每个傻子都戴着一顶傻子帽”。[①]出现这种状况是很自然的，因为我们对事物的直观图像是直接的认识，它比概念、抽象的思想更加直接地反映在我们的意欲中。概念只能表现事物的简单情形，但却不曾提供独特的、具体的对象，而恰好只有单个的、具体的事物才包含着现实因素。所以，抽象的思想只能间接地作用于我们的意欲，但概念却能恪守诺言。因此，教育的目的就是让我们只信赖概念。当然，为了教育的目的也需要一些图像以作解释、阐述的工夫，但那不是主要的，只起辅助性的作用。

---

① 法国谚语。

上面的原则能够列在这一条更具普遍性的规则之下，那就是我们应该时刻掌控我们对眼前现实的印象和直观的认识。同我们的思想和认识相比，这些直观图像往往能够产生更加强烈的效果，原因不在于直观印象的相当有限的内容和素材，而在于这些图像的形式以及它们的可直观性和直接性。直观印象强有力地直接冲击我们的情绪，打破情绪的平和状态，或者动摇了它原本的坚定状况。眼前存在的、可以直接看到的东西总是用它的全部力量即时产生效果，很容易就让我们对其一目了然。相比之下，思想和推理只能在宁静的状态中耗费许多时间才能获得这种效果，我们每次只能单独详细思考一件事情。所以，思考的结果不可能时时刻刻都显示在我们的眼前。也正是出于这个原因，虽然我们经过仔细的思考已经放弃了某一令人愉快的事物，可是一旦看见这可欲之物，我们仍然会受到它的吸引。同样，我们明白别人的某项判断根本站不住脚，但我们的内心仍然对此感到不舒服，虽然我们清楚别人的冒犯行为卑劣至极，根本不值得浪费口舌，但是这一冒犯行为仍然会让我们感到愤怒。出于这个道理，那些不存在危险的十个真实依据都敌不过一个存在危险的表面假象。这些例子都能够让我们认识清楚那深藏于我们本性之中的根深蒂固的非理性。女人经常屈从于类似的印象，而具备超常的理性以至于不受印象影响的男人少之又少。如果我们没有办法纯粹通过思想摆脱某一印象的时候，最好的方法就是运用相反的印象来中和它产生的影响。比如，当别人侮辱我们的时候，我们可以想想那些敬重我们的人。对付印象中的某一威胁性的危险，我们唯一需要做的就是脑子要凝神思考能化解这一危险的方法。在莱布尼茨的《新论文》(第一部第二章)，他谈到了一个意大利人运用某种办法承受住了别人对他的严刑拷打。这个意大利人的脑中片刻不停地想象着断头台的画面。因为只要他认罪了，那等待他就只有断头台了。所以，他不时地大声喊道："我看到你了！"这句话的含意是他后来才解释的。正是由于这里所说的理由，当我们周围所有人持有与我们不一样的看法，并因此做出与我们不一样的行为时，尽管我们相信周围的人是错的，但始终不为所动却是一件困难的事情。对于一个化装潜逃的国王来说，他那忠实的侍从坚持与他私下履行礼节和表现卑下的态度就几乎是一种必不可少的信心鼓励了，否则到了最后，这个国王对自己的身份也会产生怀疑。

我在第二章里曾强调了这一点：身体的健康是最宝贵的，它是构成我们幸福的最首要和最关键的要素。在此，我谈一谈保持和增进身体健康的几条大体的做法和原则。

当我们身体处于健康状态的时候，我们可以让身体的整体和部分承受负担和压力，借此把自己锻炼强壮，使我们的身体习惯能够抵御各种各样的恶劣影响。但一旦我们身体的局部或整体受到了伤害，那我们就需要采取相反的做法了：尽可能多的以各种方式让受伤的部位得到保护、生息，因为患病或者虚弱的身体经受不起任何劳累。

肌肉能够通过加强锻炼而得到强化，但神经如果遭受高压状态就会受到削弱。所以，我们可以从事适宜的劳作来加强肌肉强度，但却应该尽量避免神经受太多的操劳。同样，我们要避免眼睛遭受太强烈的，尤其是反射光线的照射，不要在黑暗的环境中用眼，从而避免增加眼睛的负担。也不要长时间注视细小的物件。同样，不要让耳朵处于有太强烈噪音的环境中。但是，最重要的是我们不应该让大脑进行一切强迫性的、持续不断的和不合时宜的劳作！所以，我们在消化食物时应该让大脑放松，因为在大脑酝酿思想的生命力此刻正在胃部和大肠紧张工作，准备食糜和乳糜。基于这样的道理，我们在进行剧烈的肌肉运动时，都应该解放大脑，让它得到足够的休息，因为运动神经和感觉神经是大同小异的。就像我们受伤的四肢所感受到的疼痛其实源自大脑一样，真正工作和锻炼的是我们的大脑，根本不是手和脚。也就是说，主管工作和走路部分的大脑通过延长的神经和脊髓来刺激四肢上的神经从而使四肢协调运动。所以，当我们四肢感觉到疲倦时，其实真正疲倦的源头是大脑。因此，只有进行随意的，由大脑发出指令的运动，我们的肌肉就会感到疲劳。而那些并非随我们意愿工作的肌肉，例如心脏，就不会感到疲劳。所以说，如果我们强迫大脑同时进行剧烈的身体锻炼和紧张的精神活动，或者在这两种活动之间的休息时间很短，那么，我们的大脑就很可能受到伤害。这一点和以下的事实没有矛盾：一方面，当我们散步时，或者在结束短时间的漫步后，我们往往会感到精神活力得到了增强，原因就在于大脑掌管肢体活动的部位还没有感受到疲劳，而在另一方面，轻微的肌肉活动和由此引起的呼吸增加却加大了大脑动脉的血液流量，并且带来了更多氧气。我们一定要给予大脑必需的、足够的休息时间，借此休养、恢复。人对睡眠的需要就等于钟表需要上发条一样（参阅《作为意欲和表象的世界》的第二篇第十九章）。一个人的大脑进化越是完善，大脑的活动量就越大，那么他所需要的睡眠时间也就越多。但是如果超出了所需那就是在浪费时间了，因为在睡眠的时间长度上所得到的却在质量深度上失去了（参阅《作为意欲和表象的世界》第二篇第十九章结尾处）。

我们都知道，总体而言，我们思维的活动只是大脑的一种有机作用，所以，这种有机活动及其休息和其他有机的活动相比并没有什么区别。就像过度使用眼睛就会使眼睛受损一样，同样，思考过度也会损害大脑。消化就是胃部的功能，思考则是大脑的任务。但认为一个非物质的、简单的灵魂寄居在人的大脑，能够不间断地思考，永远不知疲倦，对这个世界也没有任何需求的观点是错误的。这一谬误确实误导不少人做出了荒唐的事情而导致思维愚钝。例如，腓特烈大帝曾经尝试永远不睡觉。那些哲学教授可千万不要再用他们为迎合需要而编制的问答指南式的伪哲学，为类似上述谬误推波助澜。甚至以实践的眼光也可看出这一谬误的害处。我们应该习惯于把我们的思维活动绝对视为一种生理作用；并根据这一点避免使我们的思维过分操劳。同时，要记住，我们所有身体的痛苦、疾病和紊乱，无论发生在身体的哪一个部位，都会影响大脑精神。阅读加班尼斯的著作《人的生理与精神之间的关系》会对理解我上述所说的话有很好的帮助。

很多伟大的思想家和学者到了晚年就智力衰退，像个小孩子一样，甚至出现精神错乱，原因就在于他们忽略了我在这里所说的要点。例如，这个世纪的著名英国诗人华尔特·司各特爵士、华兹华斯、修特等，到了晚年，甚至在步入60岁以后精神思想就变得衰弱、呆滞，甚至沦为痴呆。产生这样结果的原因无疑就是他们都受到了高额财富的诱惑，把文学创作当成了一种生财工具。这诱使他们强迫自己进行了违犯自然的脑力劳作。谁要是把毕加索斯套上苦役的轭子，用鞭子抽打文艺女神，那么，一如那些强迫得到维纳斯爱神服务[①]的人，同样会遭受惩罚。我怀疑，康德在成名以后，在其生命的最后岁月里也是工作过头了。这使他生命中的最后四年成了他的第二个童年期。相比之下，魏玛宫

① 即放纵性欲的意思。

廷的先生们，比如歌德、魏兰、涅布尔等直至老年都能保有敏捷的思想能力和精神活动。这是因为他们都不用为金钱而写作。伏尔泰也属于这样的情形。

一年中的每一个月份对我们身体的状态、健康，甚至我们的思想，都有着某种直接的、独立于天气之外的影响。

我们对他人应采取的态度

在这个世界上生存，具备一定的预见能力和宽恕能力有助于我们争取幸福：前者帮助我们摆脱伤害和损失，后者则为我们免除了人事纷争和吵闹。

谁要是生活在人群当中，那他就绝对不应该拒绝和谴责任何人，只要这个人是大自然创作而成的作品，哪怕这个人是一个最卑劣、最无耻的人。我们应该把这样一个人看作既成事实和无法改变的事情：这个人遵循一条不变的、形而上的规律，只能展现出他本来的样子。如果我们碰到一些让我们恶心的人，那就要反复默念这一句话："林子里总少不了一些杂毛鸟。"[①]如果我们没有这样做，那我们就是偏颇的，我们也就相当于向这个人发出了生死决斗的挑战。原因在于任何人都不能够改变自己的真实个

① 出自歌德的《浮士德》第3483行诗。

性，这包括道德品质、认识能力、长相脾性等等。如果我们谴责一个人的本质，那么，这个人除了把我们视为他的仇敌外，好像别无选择。因为我们只在这个人必须彻底改变，成为一个与之前的他完全不同的人的前提下，我们才肯承认这个人生存的权利。所以，要在人群当中生存，我们就必须容许别人以自身的个性存在，即使是坏的个性。我们关心的只是如何使一个人以本性的内容和特质所允许的方式发挥他的本性，既不应该奢望他能改变、也不可以谴责别人的本性特质。这就是“生活，也让别人生活”这条格言的含意。这种做法虽然是理性的，但当我们具体实施时却并不容易。谁要是能够一劳永逸地成功躲开绝大多数的人，那他无疑是幸福的。我们需要学会宽容待人，我们可以先利用死物锻炼我们的耐性。死物由于存在机械和物理的必然性，所以能够顽固地妨碍着我们。每天我们都有这样练习的机会。在这之后，我们就可以把从这种练习中获得的耐性转移到人的身上。我们应让自己习惯于这样的看法：别人违背我们的心意，阻碍我们的行动，但他们这样做完全是出于一种严格的、发自他们本性的必然性，这与物体活动所依据的必然性并没有什么不同。因此，针对别人的行为发火就跟向一块阻碍我们前进的石头大发雷霆是同等的愚蠢。对于许多人，我们最聪明的做法就是：“我不准备改变他们，我要利用他们。”

我们不得不惊讶的是，人与人之间在精神、性情方面同声相应或者大相径庭。我们会在人们的谈话中非常轻易和迅速地看出这点，哪怕一个微小的细节，我们都能够感觉得到。虽然两个人所谈论的都是一些陌生和毫无具体意义的事情，但由于两人根本就不是同一类人，所以，其中一人所说的几乎每一句话，都会令对方生厌，在多数情况下，甚至使他生气。但是，同类的两个人说的每一句话都会获得对方的某些同感。如果两人个性相似，那这种彼此称许很快就会融会而成某种完美的和谐，甚至完全相同。由此首先解释了为什么平庸的人是那样广得人缘，总是不费吹灰之力就能够找到要好的玩伴。这些诚实、可爱和正直的人和非同凡响的人却碰到恰好相反的情形；这类人越是出类拔萃，那这种情形就越加明显。因此，当他们处于分离和孤独之中时，如果这时候在别人身上发现了与他们相似的某一相同之处，他们都会真心地为之高兴欢呼，即使这相同之处是那样的细微！一个人之于他人，与他人之于这一个人是相等的。真正伟大的思想者，就像雄鹰一样，把自己的巢穴修筑在孤崖之巅。其次，我们也就清楚了为什么一个人很快就会找到一个与自己意气相投的人，这两个人就像被磁石吸到一块一样，因为意气相投的灵魂遥相呼应。当然，我们可以看到这种情况经常出现在那些秉性顽劣、资质平庸的人们当中，因为这些人大量存在。相比之下，资质优秀和突出的人本来就是稀有的。所以在怀着干出实事的有雄心抱负的一群人当中，两个彻头彻尾的无赖很快就会吸引对方，就如同他们胸前别着特殊的标志一样，并且他们会很快就走到一起制定阴谋诡计。同样，我们不妨想象一下，如果一大群明智、富有深刻思想的人聚在一起，而两个蠢人也混杂其中，这件事情基本没有存在的可能性。这两个蠢人会由于臭味相投而相互受到对方的吸引。很快，他们就会很高兴终于找到了一个起码懂理、明智的人。两个这样的人，特别是两个道德气质和思想智力都相当低劣的人，能够一眼就认出对方，他们多么渴望能彼此走到一块啊！他们热情洋溢、蹦蹦跳跳地跑向对方，犹如一对有多年交情的老朋友，如此情景的确令人惊奇不已！这种出奇的事情甚至使我们相信：这两个人完全可以依据佛教投胎轮回的学说，认为前世他们就是一对朋友了。

但是，即使人们相互之间保持高度的和谐一致，但人们在当下瞬间的情绪差异仍然会造成暂时性的不相协调和相互分离。每一个人的情绪几乎都不能同步，这是由一个人当时的处境、身体状况、职业、周围外在环境、头脑中匆匆掠过的思绪等诸因素所决定的。所以，甚至在最和谐的人们之间也会产生矛盾之处。做出一定的调节以消除这一阻碍，并且引入某种一致的温度，这只有最高度的文明教化才能做到。众人保持同步的情绪对于一个社会群体所产生的作用能够从这一事实看得出来：某一客体事物，它可以是某种危险、某种希望，或者某条消息，要不就是难得一见的景观、某台话剧，或者音乐等，在同一时间，以同样的方式影响着一群人，那么，即使人数众多，但他们仍会受到刺激而在一种共同的愉快气氛之下热烈地交流和真心地参与。因为诸如此类的客体事物碾压了个人的利益兴趣，营造出某种共同一致的情绪，一旦这种来自客体事物的影响不再存在，那么，在通常的情况下，我们就只能求助于个人主体了。所以，喝酒是让一个聚会团体保持普遍一致情绪的常用手段。当然喝茶和咖啡同样能达到这一目的。

各人不断变化的情绪非常容易就为一个群体带来某种分离。但正是这种不一致，部分地解释了为何我们的记忆在摆脱了诸如此类的情绪转瞬即逝的干扰影响以后，留在记忆中的人就被理想化了，有时候，甚至是被神化了。记忆所产生的效果犹如针孔照相机里面的聚光镜一样，它把景物收进去后制造出一张远比原物漂亮的图片。要想获得这种好处，让别人美化自己，方式之一就是尽可能减少与别人见面的机会，因为虽然记忆需要很长时间才能完成它的美化作业，但美化的工作却马上就可以开始。据此，聪明的做法就是在间隔相当一段时间以后才重新和我们相熟的好朋友见面，因为在重新见到他们的时候，我们就可以注意到人们的记忆已经开始工作了。

每一个人都往往局限于看到自身之内的东西，也就是说，每一个人在他人身上所看到的与这个人的自身相等，因为每个人只能根据自己的思考模式去看待和理解他人。如果这个人的智力素质属于低级的一类，那么，别人的再深刻的思想、再高级的智慧，甚至最伟大的天赋智力，对他而言效果也不会太好。同样，他对别人拥有的思想水平也不易察觉。在别人的身上，他除了看到和他自身一样具有的低级缺点以外，他看不到任何别的东西。因此，他人之于他只是一个部件能够拆卸的组合体而已。高级的精神素养对他而言就像色、影对于一个瞎子一样，都是想象中的。一个缺乏精神思想的人怎么可能看到他人拥有的精神思想呢？对事物做出价值评估其实就是这一事物自身具备的价值，再加上判断者的知识共同作用的结果。由此可以推断：我们在跟别人说话时，也就把自己降至别人的水平，这样我们相对拥有的优势就不存在了，甚至我们做出的必要的迁就也不为人知。既然大多数人的思维素质都很低级，是那样的庸俗，那我们就应该了解：我们与他人谈话时，自己如果不同时变得像他们一样平凡庸俗，那简直就是一件不可能的事情（这里可以用电传导的规律做比喻）。在这个时候，我们就能完全明白“屈尊、降格”这些词的真正含义。其实，我们也迫切想要摆脱这些人，因为我们和这些人唯一能够沟通的方面，只是我们本性中的那些令人羞耻的部分。我们也会明白：面对那些傻瓜、蠢蛋，我们只有一种方式让他们明白我们的头脑智力，那就是，拒绝和这种人谈话。当然，很多人在社交场合的感觉就像一个高超的舞者到达一个舞场，但放眼望去都是跛足瘸腿的人——他又能与谁共舞呢？

一个人在等待某个人或者等待做某件事的时候，亦即在他坐着无事可干的时候，如果不是马上拿起手头上随便任何一样物件——手杖、小刀、餐叉之类——有节奏地敲击起来，那么，这个人就能获得我的尊敬，因为这个人起码有可能在思考事情。但类似这种人可谓百中无一。对于许多人来说，观看完全代替了思考。他们试图制造噪音来感觉自己的存在——也就是说，当他身边没有雪茄可以服务于这同一目的的时候。基于同样的理由，这些人无时无刻不睁大眼睛、竖起耳朵注意着周围发生的一举一动。

拉罗什富科曾经非常诚实地说过：很难在高度尊敬一个人的同时，又非常喜爱他。因此，我们只能选择，要么得到别人的尊敬，要么得到他们的喜爱。别人对我们的喜爱往往出于私心，虽然其中的原因因人而异。此外，别人喜爱我们的原因并不足以让我们引以为豪。总的来说，别人对我们的欢迎程度和我们降低对别人的思想感情的要求是一致的，而且我们这样做必须完全是真心实意的，而不是虚情假意地做样子，也不是出于对他人的宽忍，因为宽忍源于鄙视。就像爱尔维修说的“取悦我们所必需的思想深度刚好就是我们自己的思想深度”，由此前提我们就可以得出结论了。反观别人对我们的尊敬，则情况和喜欢我们恰恰相反。别人对我们的尊敬是我们强行从别人那里、违背他们的意愿获得的，因此，别人对我们的尊敬往往被他们掩藏起来。别人的尊敬能够给予我们内心更大的满足，因为它与我们的价值紧密相关；但别人对我们的喜爱并不直接与我们的价值连在一起，因为喜爱出自主观，而尊敬却出自客观。当然，别人的喜爱对于我们更有用处。

多数人都脱离不了主体的“我”，他们除了对他们自己感兴趣以外，不会对别的任何事情感到兴趣。我们由此产生一个结论：别人所说的话马上就让他们联想到自己，别人无意中说的一句话，只要稍微涉及他们个人自身，就能吸引他们的全部注意和占据他们的全副精神。他们也就再没有剩余精力去理解谈话的客体方面的内容了。同样，推理、辩论等活动一旦与他们的利益和虚荣心相抵触，那就别再奢望产生任何效果了。所以，这些人的注意力容易分散，他们轻易就会觉得别人是在侮辱和伤害他。与这些人客观讨论事情的时候，我们必须尽可能地小心谨慎，千万要避免在谈话里面牵涉任何可能与我们面前那位尊贵和敏感的人有关的事情，或者提及也许对他不利的内容，因为当他们听到这些话，那么他们就只会把这些话放在心里了。虽然他们对于别人谈话中的真知灼见、妙语警句和优美细腻之处一无所觉和一无所知，但是对于一切会伤及他们脆弱虚荣心的话语和一切能够显示出他们所珍视的自我的不良一面的谈论，他们却极度敏感。他们敏感和容易受伤的样子，活生生就像我们一不小心轻踩了脚爪的小狗。这样，我们也就必须忍受它的一番吠叫了。又或者，他们好比一个全身满是伤口和肿块的病人，我们只能小心翼翼、尽量避免触碰他们。某些人甚至发展到了这样的地步：如果有人在谈话中表现出高超的理解力和深刻的思想，或者他们没有藏好这些东西，那他们就会觉得受到了侮辱和伤害。但是，他们会在当时隐藏自己的感情。事后，那个缺少生活经验的人就只能徒劳无功地苦思冥想自己到底在哪里得罪了这些人。但是，出于同样的道理，要赢取这些人的欢心也是一件很容易的事情。所以，在通常情况下，这些人的判断力往往都糟糕透顶，那不过是偏袒他们的政党或者阶层的某种言论、表白而已，与客观和公正不搭边儿。这些都归之于这一事实：意欲在这些人的身上产生的影响远远地压倒了认识力，他们微弱的智力完全依附于意欲，甚至片刻也摆脱不了意欲的控制。

占星术能够极好地证明这一点，说明人这种可鄙的一切围绕着自己的自我。一切从自我出发的特性。因为这种一切从自我出发，人们把每样事物都跟自己扯上关系，从每种思想见解都径直联想到自己。占星术就是把天体的运行与人的悲惨自我联系在一起，并且把天空中星体与尘世间的俗事、恶行联系在一起。这种情况其实古而有之（例如，参看斯托拜阿斯的著作）。

如果有一些荒谬、颠倒的见解出现在公众的面前，或者把荒诞虚假的东西写进了文字作品并且受到了大众的欢迎，又或者至少没有遭到任何诘难、驳斥，那么我们不应该就此感到绝望，以为事情会就此结束。相反，我们应该清楚这一事实并借此安慰自己：以后，人们会逐渐重新澄清、讨论、思考、审视这些观点或作品。在绝大多数情况下，人们最终会得出正确的结论。因此，经过一段时间以后，几乎任何人都终于明白头脑清晰的人当初一眼就能看得出来的东西。当然，在这个过程中，我们必须保持耐心。一个有真知灼见的人和那些受到愚弄、欺骗的大众在一起就类似于这种情形：他的手表指示的时间是正确的，但全城钟塔指示的都是错误的时间，而只有他自己才知道正确的时间。但这毫无作用，所有人都相信错误钟塔的指示，其中甚至包括那些知道这个人的手表指示是唯一正确时间的人。

普通人在这一方面就像个小孩一样：如果我们宠溺他们，他们就会变得淘气、顽皮。因此，我们不能太过纵容和迁就任何人。一般来说，如果我们拒绝借钱给一个朋友，那我们不会失去这个朋友，但如果借钱给他了，我们反倒很容易失去这份友谊。同样，如果我们对朋友保持一定的傲气、疏忽和大大咧咧的态度，那我们往往不会轻易失去他们，但如果我们表现出太多的礼貌和周到，我们反而有可能失去这些朋友，因为如果我们礼貌和殷勤了，那么朋友就可能变得傲慢、令人难以容忍，朋友之间的裂缝也就由此产生了。人们尤其不能发现别人对他们很需要。一旦他们认定别人需要他们，最后的结果就是他们将变得傲慢无礼。对于一些人来说，只要我们与他们交往，经常跟他们谈话，或者以信任的方式向他们说话，他们就会变得粗鲁无礼。很快，他们就会认为我们应该容忍和接受他们的一切无礼行为，就会试图打破礼貌的框架。所以，适合我们与之深交的人非常少见，我们应该小心谨慎，拒绝与低级、龌龊之辈太过亲近。如果一个人认为我们需要他更甚于他需要我们，那么，他就会马上觉得我们好像从他那里偷走了某样的东西，他进而就会试图从我们这里获取补偿，把失去的东西以等价的物品换回来。我们在与人交往时能够拥有优势全在于我们对对方没有要求，不用依靠他们，并且让他们清楚地看到这一点。出于这个理由，我们应该不时地让别人明白我们不是必须有他们，不管他们是男是女。这样做会增进友谊。的确，在与大多数人交往时，如果我们的态度不时流露出轻视的神气，那并不会产生什么害处，这样别人反而会更加珍惜与我们的友谊。“不尊崇别人的人会受到别人的尊崇”是一句绝妙的意大利谚语。但是，如果某一个人确实对我们很有价值，那么，我们就应该把这一事实掩藏好，就像掩藏一桩罪行一样。这个道理虽然不会让人感到不适，但事实却是千真万确的。想一想你就能够明白，一只狗也受不了别人待它太好，何况是跟高级的人呢？

高贵与庸俗的差异

一般而言，那些本性高贵和思想禀赋出众的人，我们往往会吃惊于他们暴露出的缺乏对人情世故的了解，尤其是他们还是年轻人的时候。他们轻易就会受到别人的欺骗，或者被他人引入歧途。但那些庸俗、低下的人却很快就懂得了在这世上生根发芽。这其中的道理就是当我们缺少经验时，我们就只能对事情做出先验的判断。通常来说，实际经验无法与先验知识匹敌。对于庸俗的人来说，他们先验的知识就是从自我的角度对问题提出的看法，但对于本性高贵的人来说，情况却不是这样的。正是因为这一点，所以他们和普通人之间存在差异。在他们用自己的思想和做法评价他人的时候，他们的算量就不是准确的了。

但是，即便这样一个高贵的人终于学会了后验的知识，总结别人的教导，结合自己的经验，懂得了对人大致上所应抱有的期待，明白了如果不是为情势所迫，那么最好就是对占人类总数的六分之五的人敬而远之，尽量减少与他们接触的机会，这是由这一人群的自身道德和智力构成所决定的，可即便是这样，这个高贵的人对于常人的下作、可鄙的本性仍然不会有足够清晰的认识。在今后的生活里，他会不断扩建和丰富这方面的认识体系，但在这个过程中，他还会经常失算，使自己遭受劳累。虽然他的确用心记住了获取的教训，但是在和他不熟悉的人一起聚会、谈话的时候，他仍然会很惊奇地发现这些人在谈话、举止、行为方面确实充满真诚、富于理性，这些人正直诚实、颇有君子之风，同时又头脑灵活、话语风趣俏皮。他不应对此现象感到困惑，因为道理并不难：大自然在创造人的时候并不像某些拙劣的文学家。后者在描写无赖或者愚人的时候，手法相当笨拙和生硬，作者的主观意图又是那样的直白，我们仿佛看到在这些无赖人物的后面就站着无赖作者本人，拒不承认这些人物特有的思想和话语，并且用警告的口吻在大声提醒我们："注意了，这是个骗子，那是才个傻瓜。你们可千万不要上他的当！"相比之下，大自然跟莎士比亚和歌德是一样的。在莎翁和歌德的作品里面，每一个角色一旦站在那里说话，那么，说出的话都是恰如其分、合乎当时的情理的。正因为这些人物能够客观表现，所以我们才会被这些人物的喜怒哀乐所吸引，身不由己地去关注和同情他们。这样作品，跟大自然的作品一样，是一种由内而外产生的原则，正是依据这个内在原则，他们的言语、行事仿佛出于自然，也因此仿佛出于必然。因此，谁要是以为会在这世上看见头上长角的魔鬼或者身挂铃铛的傻瓜，那他就会永远成为他们的猎物和玩物。此外，在与他人的交往中，我们要知道，人就像只露一面的月亮和驼背人一样。确实，每一个人天生就有本领来调节自己的五官，扮演出心目中想要的模样。一个人的面具完全是出于我们自己的个性而特意制作的，因此，这副面具跟他本人可以配合得天衣无缝，就像长在他的脸上一样，产生的效果当然也就极具欺骗性了。一旦他们需要取悦他人，他就戴上这副面具。其实，在了解这一切的真相后，我们应该把他人的面具视为一层油布，它的价值不过如此。我们要牢牢记住这一绝妙的意大利谚语："没有哪只狗是坏到不会摇尾巴的。"

不管怎么样，对于一个和我们刚刚认识不久的人而言，都要刻意压低自己对他的评价。否则，多数情况下我们会失望、羞愧，甚至招来祸殃。在此，值得提及塞尼加说过的话："从小事就可以看出一个人的性格本性。"一个人会在细枝末节的小事上疏于防备，从而把自己的性格显露无遗。从一个人对细微事情的处理方式，或者单纯的举止态度我们就可以看出这个人的无限膨胀、丝毫不顾及他人的自我心态。这种人在大事上也不会收敛自己的本性，即使他之前把自己的本性伪装起来了。我们可不要错过这些观察人性的好机会。在处理鸡毛蒜皮的日常小事当中，这些小事亦即属于“法律[1]不会理会的小事情”，如果一个人从不为他人考虑，只在乎自己的便捷和好处，而不惜妨碍和损害别人的利益，把本应该属于众人的事物独自占有，那么我们就能够肯定，在这个人的心中并没有公正可言。如果没有法律和司法机构的约束，他很可能会成为一个恶棍。我们根本就不能够对这个人有丝毫的信任。确实，毫无顾忌地破坏自己私人圈子里面的规矩的人，同样会在他认为自己身处安全和没有危险的情况下破坏国家的法令。

如果你选择原谅和忘记，那就意味着你扔掉了我们获得的昂贵经验。如果某一个与我们有交往和关联的人表现出某种令人不快或者令人恼火的行为，那么，我们就要问一问自己：这个人真的这样有足够的价值，以致我们愿意忍受他的粗暴行为吗？因为以这个相似的行为必将一而再、再而三地变本加厉地发生。如果答案是肯定的，那么，我们就不用对此行为多费什么口舌了，因为说话是毫无用处的。这样，我们就对他稍加劝告，或者干脆不加劝告，让事情过去就算了。但是，我们必须明白，这样一来我们随时随地都可能再次遭受他带来的麻烦。但如果问题的答案是否定的，那么，我们就应该当机立断，马上并且终止与这位宝贝朋友的交往。如果这个人是我们的用人，那我们就必须马上解聘

① 罗马帝国的法律原则。

他。因为如果相同的事情再度发生，他仍然可能无法避免地做出同样的或者相类似的事情，虽然他也曾真心实意地保证不会犯同样的错误。一个人可能会忘记一切，但却不会忘记他的自我，他的本性。性格是绝对无法改变的，因为人的所有行事都出自一条内在的原则。根据这一条内在的原则，在相类似的处境之下，一个人只能永远做出同样的事情，而不可能是别的。读者诸君可以阅读我那篇讨论所谓意欲的自由的获奖论文，从而避免犯错误。因此，跟我们已经与之绝交的朋友重归于好是一种软弱的行为。如果我们软弱了，那我们终将为此付出沉重的代价，因为只要有机会，这个朋友又会做出原先那样导致朋友反目的事情。但是，这一次，他做这样的事情的时候会更加肆无忌惮，因为他的潜意识已经明白他是我们不可缺少的朋友。这道理同样适用于那些已遭我们解雇，但又重新被我们雇用的人。基于同样的理由，我们在形势改变了以后，不可以期待一个人做出以前做过的同一样事情。人们的观点想法和行为态度紧随自己的利益而迅速改变。的确，人们带有目的的行为用不了多久就像短期支票那样兑换成现金，如果我们不想对这种行为提出抗议的话，那我们就要变得更加短视才行。

所以，假设我们想了解一个人在我们设想中的处境会如何作为，我们万不可以他向我们做出的许诺和保证为凭据。因为即使这个人出自真心许下诺言和做出保证，但可能他现在谈论的事情并不是他不了解的那样。因此，我们只能通过考虑他准备投身其中的处境，以及这一处境与他的性格的互相冲突之处以估算出他的行事行为选择。

如果我们要对一个人真实的且异常可怜的本质获得一个必需的、清晰的和透彻的认识，那么，把书本文学上对于人的行事描述作为对现实生活中人的行事的说明，或者反过来，以后者解释前者，都是很有教益的做法。这有助于我们避免错误认识自己和他人。但是，对于在现实生活中或者在文学故事中碰到的人的卑鄙和愚蠢，我们可不要生气、动怒。我们把人的这些特性纯粹作为我们认识结果的来源，把它们视为人的某种特性的又一套标本，并把它记录下来。我们就好像一个矿物学家偶然发现了某种矿物的典型标本。当然，凡事都有例外，甚至是差异很大的特殊例子。人与人之间的区别也是非常大的。但是就从总体说来，就像我之前就说过的，这个世界沉浸在罪恶之中：野蛮人互相吞吃对方，文明人则互相欺骗对方，这就是所谓的世道方式。国家既向国外又向国内设置了武装工具和机器——如果这些不是为了防备、制约人的无度的不义行为，那又是为了什么？我们难道没有在整个历史上看到：每一位国王，一旦牢牢掌握了他的国家，并刚刚开始享受到点滴的富裕，就会利用这些资本率领军队，像一群海盗一样地袭击他的邻近国家吗？几乎所有的战争归根到底都是烧杀抢掠的强盗行径。在古代和在某种程度上的中世纪，被征服者沦为征服者的奴隶，也就是说，他们要为征服者服务。但那些支付战争费用的人其实也在同样为征服者效劳。他们奉献了以前的工作收入。伏尔泰说过：“所有的战争，不过就是抢掠而已。”德国人更应该牢记这句话。

我们不能不约束一个人而让他完全放任自流地自我发展。每一个人都应该借助概念和格言以获得指引。但是，如果我们在这一方面走得太远，以致沾上某种人为的性格，亦即并不发自我们的内在本性，而只是出于理性的思考，从外在获得的性格，那么，人们马上就会发现这一句话是真的：

天性被叉子赶跑，
但她还是要折回头。

——贺拉斯

所以，对于在为人处事中应该遵守的某些原则，我们能够容易理解，甚至发现这些规律并且很好地表达出来，但在实际生活中我们很快就会违背这些我们自己发现的规律。但是，不管怎么样，为此感到泄气是实属不该的，我们千万不要以为抽象的准则和格言无法指引我们的生活行为，而选择放任自己随波逐流。一切把理论性的规则应用于实际当中的工作其实都遇到了同样的问题。首要的事情是明白和理清这些规律准则，其次则是具体学会应用这些准则。前者我们运用理性思维一次性就能达成，但是后者却需要我们进行循环渐进的练习。一个初学者虽然看过别人示范演奏一种乐器的指法动作，或者在击剑中所采用的防守的招架和进攻的招式，但是，他仍然会在实际操作中不断出现差错，虽然他发自内心地想把动作做规范。他就会认为：在快速阅谱或者在击剑正酣的时候，运用演奏或者击剑的技巧是不可能的。不过，通过循序渐进地练习演奏指法，经过无数次的磨炼，他最终就能够掌握个中的奥妙。要想掌握好拉丁文的说和写的语法规则同样要经过这样的过程。因此，如果笨拙的人要成为皇宫里的弄臣，意气用事者要养成圆滑世故的习惯，喜欢说话者要管好自己的嘴巴，出身贵族者要变得愤世嫉俗等等，要实现所有这些目标，除了刻苦练习之外，别无他途。但是，借助持之以恒的习惯练习所进行的自我训练归根到底是一种来自外在的约束，人的天性从未完全停止过这种约束的抗争。有时候，人的天性也会出人意料地突破这种束缚。因为依据抽象的格言而做出的行为和那些发乎自然天性的行为，两者的比较就犹如一件人工制作品，例如手表——我们把本不属于这一物质的形状和运动加之于它，与那些有生命的组织体相比，在后者，形式和本质合二为一，自成一体这种从外在获得的性格与天然生成的性格之间的关系证实了拿破仑皇帝说过的一句话："一切非天然的东西都是不完美的。"通常而言，这一规则适用于包括物理的以及人的精神领域在内的一切事物。我所能想起来的唯一例外就是天然砂金石，矿物学家都知道这种物质，它与人造的砂金石相比无疑是丑陋的。

在此，我想警告一切造作的行为：这些行为一定会引起别人的鄙视。首先是因为它存在造假和欺骗行为，所以，它本身就是懦弱的行径，因为欺骗源于恐惧；其次，造作是我们对自己的某种自我谴责和贬低，因为我们试图显示出一副比自己更好、但我们其实又不是的样子。精心打扮，假装具有某种素质，其实就是承认自己并不具备这样的素质。不管一个人是冒充拥有勇气、机智、学问、智慧、抑或吹牛以显得情场得意、有钱、有地位或任何其他，我们都可以从这种假冒行为得出结论：这个人正是在这一方面有所欠缺，因为如果我们真的拥有这方面的素质和长处，那我们并不会想到故意去显示、炫耀它——想到我们的这一份拥有，我们就已经心满意足了。这也是那句西班牙谚语的含意："马掌（马蹄铁）叮当作响是因为缺少了一个钉子。"尽管如此，正如我从一开始就已经说了的，我们不能无条件地放任自己的本性，完全表现自己的本色，因为我们有必要把本质中的许多恶劣和野兽的成分掩藏起来。但这只是我们隐瞒否定属性的东西的理由，它并没有表明冒充拥有肯定性质的东西是对的；也就是说，藏拙遮丑是可以的，但冒充优越却没有理由。我们也应该知道：甚至在人们还没弄清楚伪装的人想要伪装成为什么样子之前，人们就知道他在伪装了。最后，伪装不会维持多长的时间，始终有一天面具会掉下来的，“没有人可以长时间戴着面具，人很快就会恢复天性”（塞尼加）。

就像一个人虽然背负着自己的身体，但是对这个重负从未察觉，然而在移动他人的身体时，他却感觉到了重量。同样的，他不会注意到自己身上的缺点和恶习，而只会留意他人的不足。所以，每个人都应该以他人为镜，从这面镜子可以清楚地看到自己的缺点、恶行及其他的不足之处。但在大多数情况下，人们却更像一只对着镜子狂吠的狗，它以为镜子里面的是另外一只狗，殊不知它看到的正是它自己。挑剔别人缺点差错的人其实在改进着自己。因此，倾向和习惯于在私下默默留意和刻薄挑剔别人的外在行为、别人不论做过的抑或不曾做过的事情的人也因此在改进和完善着自己。因为这种人最少有足够的正义，或者足够的骄傲和虚荣心去避免做出他们经常如此严厉、苛刻批评的事情。对于那些容忍别人的人而言，与此相反的说法同样成立，即“我们乞求自由，同样也会施予别人这种自由”（贺拉斯）。《圣经》的福音书关于“只见别人眼中刺，不见自己眼中梁”说了一段美妙的道德教诲。但是，眼睛的本质就是往外看的，它并不能看到眼睛自身，所以，注意和批评别人的缺点是使我们意识到自己不足的一个相当有效的方法。我们需要一面镜子去完善自己。

这一条规则同样适用于写作文体和风格：对某种拙劣文体风格的新花样如果持赞赏而不是批评的态度，那么，这种愚蠢的文风就会被仿效。因此原因，每一呆笨、愚蠢的文风都能迅速在德国大行其道。德国人是很能容忍的，每个人都可注意到这一点。“我们乞求自由，同样，也会施予别人这种自由”，就成了德国人的格言。

一个本性高贵的人在年轻的时候认为：人与人之间重要的和主要的交往，以及由此产生的人际关系是理念性的，也就是说，这些关系是根据人们相同的气质、思维、情趣等等而定的。等到他们年长以后，他们才意识到这些关系和交往是现实性的，是以某种物质利益为基础的。几乎所有的关系都是由这样的基础构成的。大多数人甚至根本不知道除此之外还会存在别的关系。出于这样的缘故，人们都从一个人所拥有的职位、从事的生意、隶属的民族和家庭去考虑一个人。总之，人们关注的是世俗常规所给予这个人的角色和位置。因此，一个人就像商品一样地被贴上标签并受到商品式的对待。至于这个人自身的价值是什么，根据其个人素质他是个什么样的人，人们只是随意地、并因此只是例外地提及。人们根据各自的需要通常都把人的素质放在一边，或者干脆视而不见。一个人自身拥有的越多，对世俗常规的安排就越感到不满，他也就越希望退出世俗人群的圈子。世俗如此安排是因为这样的事实：在这个贫穷和匮乏的世界，应付匮乏和需求的手段无论在何处都是最重要的，因此，也是压倒一切的。

正如流通的是纸钞，而不是真金白银。同样，在这个世界上，能够流行起来的往往不是发自内心的尊重和真正的友谊，而只是做得尽量逼真和自然地显示尊重和友谊的表面功夫。但是，我们也不妨自问：有没有人值得我们对其使用真金白银呢？无论如何，我认为一条诚实的狗的摇尾示好，比人们的那些表面功夫更有价值。

真正的友谊有着这样的一个前提：对朋友的痛苦、不幸抱有一种强烈的、纯客观的和完全脱离利害关系的同情。这也就意味着我们真正与我们的朋友感同身受。但人的自我本性却与上述做法完全不同，所以，真正的友谊就像那些硕大无比的海蛇那样，要么只是一种传说，要么只存在于别的地方，我不知道到底它们到底在哪里。人与人之间的许多联系当然主要是建立在样式繁多的被隐藏起来的自私动机之上，但某些这样的联系也包含了点滴的真正友谊的成分。这样，它们就得到了人们的美化和推崇。在这样一个充满缺陷的世界里，把这些联系冠以友谊之名也并不是完全没有理由的。它们远胜那些泛泛之交。后者是些什么样的货色呢？如果我们知道我们的大部分好朋友在我们背后所说的话，我们就不会再想跟他们说话了。

检验一个人是不是我们真正的朋友，除了一些需要得到朋友的确切帮助和做出一定牺牲的情形以外，最好的时机就是当我们告诉他恰逢某样不幸的时候，他的脸上要么显示出一种发自内心的、不含任何杂质的悲哀，要么就是一副镇定自若的样子，或者他会流露出某种别样的表情，后两者都证实了拉罗什福科的那句名言："从我们最好的朋友所遭遇的不幸，我们总能找到某样并不会使我们不悦的东西。"在类似这种时候，通常我们称之为朋友的人甚至都不能掩饰一下他们嘴脸上那一丝满意的笑容。没有什么比告诉别人我们刚刚遭受了一桩巨大的不幸，或者向别人毫无保留地透露出自己的某些个人的弱点，更能确切地使别人得到好的心情了。这是反映人性的典型例子。

朋友间距离太远和长时间没有见面都造成朋友之间友情的损伤，虽然我们并不那么愿意承认这一点。如果朋友之间久不相见，即使我们最亲近的朋友也会随着时光的流逝逐渐变成朋友的符号。我们对他们的关心也会因此变得越来越理性，甚至这种关系只是一种惯性的动作。但对那些与我们朝夕相见的人，哪怕那只是我们宠爱的动物，我们都能够保持强烈和深切的兴趣。人的本性就是如此地受制于感官。所以，歌德的话在这里非常恰当的：

现在此刻是一个威力无比的女神。

"Hausfreunde"[①]一词表达得相当准确，因为这种朋友是居

---

① 意思为家庭或屋子的朋友。

室、家庭的朋友更甚于居室主人的朋友，所以，他们更像是猫，而不是狗。

朋友都说自己是真诚的，但是事实上，敌人往往才是真诚的。因此，我们应该把敌人对我们的抨击、指责作为苦口良药，以此更多地了解自己，完善自己。

患难之交真的那么罕见吗？恰恰相反，我们一旦和某人交上了朋友，他就开始患难了，就向我们借钱了。

如果一个人以为通过展现自己的聪明和深刻就能博得社交人群的喜爱，那么他一定是个不谙世故的毛头小子！事实恰恰相反：对绝大多数人而言，一个人表现出聪明和深刻的思想只能激起人们对他的憎恨和讨厌。并且，这种憎恨和反感还会因为下面的原因而变得更加强烈：感觉到这些情绪的人找不出理由抱怨引起这些情绪的原因，而且他们甚至必须把这些原因掩藏起来，假装自己不知道。实际情形是这样的：如果一个人在与他交谈的对方身上观察和感觉到了某种智力上的优势，那么，这个人就会认为对方肯定也在同等程度上观察和感觉到自己在智力上的不足。这是他私自得出的模糊结论。这种省略的三段推论刺激起他无比的愤慨和怨恨（参看《作为意欲和表象的世界》第二卷第十九章，在那里我引用了约翰逊博士以及歌德青年时代的朋友梅克说过的话语），因此，格拉西安的话无疑是正确的："唯一能够取悦别人的方式就是把自己用最傻呆的动物的外皮裹起来。”[①]把自己的聪明才智表现出来其实就是在间接地嘲笑别人的愚蠢和无知。并且，一个本性庸俗的人，在看到自己的对立面时，内心会产生抵触情绪，而秘密勾起这股情绪的就是他的嫉妒心理。我们每天都能看到，虚荣心得到满足带给人的快感远超从其他事情上得到的快乐，但这种快感只能通过把自己与别人作一番比较来获得。对于人来说，最值得我们自豪的莫过于精神思想素质，因为这正是人优于动物的地方。所以，如果把自己这一方面显露无遗的优势表现出来，尤其是在他人面前显露，那无疑是一种极端鲁莽、冒失的行为。这样人们就会受到刺激而报复这个人，就会伺机侮辱这个冒犯者。因为通过给人以侮辱就可以离开思想智力的领域而进入意欲的地盘，而在意欲这方面，人们都是相同的。所以，在社会上，拥有地位和财富可以期望获得人们的尊崇和爱戴，但精神的优势却永远不可以期望得到这种待遇。有幸碰到的最好情形无非就是精神思想的优势遭到别人的漠视；假如情况不是这样，那么，优越的精神思想就会被视为一种夸耀和冒犯，或者人们就会认为这种优越精神的拥有者是通过不合法的手段取得的，现在他们居然在恬不知耻地炫耀了！出于这个原因，众人私下都故意以某种方式羞辱这种人一番。大家都在等待下手的机会。就算采用最谦卑的言行举止也难以成功

① 巴尔塔扎尔・格拉西安（1601—1658）：西班牙哲学家、作家。

地使众人原谅自己在思想智力上的突出。萨迪在《玫瑰园》里说过："我们应该认识到：愚人对智者的反感百倍于智者对愚人的反感。"对比而言，表现出低下的精神思想确实是值得推荐的行为，因为正如温暖让我们的身体舒服一样，感觉到自己的优势对于我们的精神也是舒服的。所以，每个人的天性都会让其靠近给他带来这种优越感的物体，就像他本能地走向阳光或挨近一个火炉一样。那么，这样的事物，对男人而言，就是精神思想素质明显低劣的人；对女人而言，就是比自己丑的人。当然，向我们所见的人袒露我们的不足之处，是需要下一番功夫的。我们可以看到：一个相貌还可以的姑娘是多么友好热情地欢迎一个相貌丑陋的姑娘啊！对男人来说，身体的优势并不是最重要的问题，但跟一个比自己矮小的人站在一起会比跟一个比我们高大的人在一块会感觉更加舒服。所以，通常来说，在男人中，越是愚蠢无知的人越会受到欢迎，而在女人当中，相貌越丑陋的女人越能够获得别人的青睐。这些人很容易就会获得心地善良的赞誉，因为每个人都需要为自己喜爱别人找一个冠冕堂皇的理由，用来欺骗自己的同时欺骗他人。出于这样的原因，无论拥有哪一类型精神思想方面的优异素质，都会使自己孤立起来。人们憎恨他人这方面的优势，避之唯恐不及。为了找出这样做的辩护借口，人们就把种种缺点、恶行加之于这个拥有突出思想的人的身上。相貌之于女人也发挥同样的作用。长相很美的女子永远找不到同性的朋友，甚至连普通的女伴都找不到。她们尽量不要去申请那些陪伴贵妇人的职位，因为她们刚一露面，她们期待的新主人的脸色就马上阴沉下来，她们以及她们的女儿，可一点都不需要这样的衬托！相比之下，拥有优越的地位则是另一番情形，因为优越的地位并不像个人素质那样通过互相的对比和显示出的差异而发挥作用，而是透过反射而造成效果，就像周围环境的色彩是反射在我们的脸上一样。

我们信任别人而透露自己秘密给对方，多数情况下是出于我们的懒惰、自私和虚荣。懒惰，是由于我们宁肯相信别人，也不自己去作考察和保持警觉；自私，是因为谈论自己的需要引导我们把一些秘密泄露给别人；虚荣，是因为我们谈论的事情是我们引以为豪的。虽然如此，我们却仍然希望别人尊重我们对他们的信任。

而如果别人不信任我们，我们也不应该感到气愤，因为这种不信任恰恰是对诚实表现出的敬意，也就是说，包含了这一真心的看法：诚实是十分稀有的，因此，我们不得不怀疑诚实是否真的存在。

中国人奉行的首要美德是讲礼貌，而讲礼貌的原因之一我已经在我写的《伦理学的两个根本问题》一文中讨论过了，另一个原因如下。保持礼貌就等于我们签了一条闭嘴保持沉默的协议：我们都将互相忽略和避免责备对方在道德上和智力上的缺陷。这样一来，我们的缺陷就不会轻易暴露出来，这对双方都有好处。

保持礼貌是一种明智的做法，所以，不礼貌的言行就是愚蠢的。随意的和不必要的用不礼貌的方式和别人交往而因此与人结怨就犹如自己放火烧掉自己的房子一样疯狂。礼貌的言行就像假币，在使用假币时也吝啬、小气就是不智的表现，而慷慨施予则是聪明的做法。各民族的人在信函的末尾处都写上一句“您的卑下的仆人”。只有德国人不肯使用“仆人”一词，因为这并不是事实！不过，为了礼貌的缘故而不惜牺牲自己的利益，这就犹如付给对方金币，而不是假币了。蜡在本质上是坚硬和易脆的，但稍加温暖就会变得柔软，人们就可以把它捏成随意喜欢的形状。同样，运用礼貌和友好，甚至能使执拗和敌视他人的人也变得顺从和与人方便。所以，礼貌之于人就犹如温暖之于蜡。

当然，一旦礼貌要求我们必须向所有人显示最大的关注，而事实上，绝大多数人又不配受到如此的关注，那么，保持礼貌就成了一件困难的事情了。因为我们必须装出一副对他人很感兴趣的样子，但事实上，如果不用理会他们，我们的心情会更加愉快。如何把礼貌和自傲结合起来是一件极其讲究技巧的事情。

如果我们不曾夸张地注重自己的价值与尊严，并因此怀有某种不相称的高傲，而与此同时又清楚地知道每一个人心中对他人的惯常想法和评价，那么，我们就不会对他人的侮辱感到怒不可遏了，这种侮辱其实就是对别人的轻视。大多数人对具有些微责备意味的话语都非常敏感，他们的敏感与他们的相熟朋友在背后对他们的议论形成多么巨大的反差！我们应该时刻记住一般常规的礼貌只是一副张开了笑脸的面具。所以当别人偶尔挪动或者片刻收起他们的面具时，我们可不要大惊小怪。如果一个人表现得相当粗野无礼，那么，他就等于脱光了身上的衣服，赤裸着身子站在人们的面前。当然，在这种情形下，一如大多数人一样，他会暴露出一副可怜、难看的样子。

判断我们到底是否应该做某事，我们都不应该参照别人的样子，因为各人所处的位置、境况、关系都有很大的差异，各人性格的差异也会使人们对事情的处理沾上某些不同的色彩。“两个人做同一样的事情，但那已经不是同一样事情了”。经过一番深思熟虑以后，我们必须以符合自己性格的方式行事。所以，在处理实际事务时，自己的独到见解是一定要有的，否则，我们做的事情就会与我们的自身不相吻合。

驳斥别人的看法不是我们该做的事情，我们应该记住，如果想要使一个人放弃他种种荒谬的看法，那么，我们就算有玛土撒拉[①]的寿命，也不会完成任务。另外，在与别人谈话时，我们不要试图矫正别人，即使我们所说的话出于善意。因为冒犯和得罪别人是很容易的，但要对此做出弥补，却也是相当困难的。

如果我们碰巧听到别人说出的荒谬言论而生气，我们就要想

---

① 玛土撒拉：基督教《圣经》中的老祖宗，活到969岁。

象这只是一部喜剧中的两个愚人之间的对话。这一事实久经证明：谁来到这个世上，一本正经地在最重要的问题上教育人们，那么，如果他能全身而退就已经是万幸的了。

谁要想让别人相信他的看法，那他就要冷静、不带任何情绪地把他的看法表达出来。因为所有激烈的情绪都来自意欲，这样如果一个人激烈地把自己的看法表达出来，那人们就会把他的看法看作是他的意欲产物，而不是他的认识力的结果，因为认识力在本质上是冷静的。因为意欲在人的身上是激烈和占首位的，而认识力只是次一级的和多余的，所以，人们更多地相信我们的看法是出自意欲，而不会相信意欲的激动是我们的判断所引致。

就算我们有充分的权利称赞自己，我们也要拒绝诱惑而不是真的这样做。因为虚荣心是那样的普遍存在，而人的真才实干却又是那样的稀有，因此，一旦我们显得在称赞自己，即使我们只是间接地称赞自己，人们也会认真地打赌：我们说出这样的话是虚荣心作怪，我们缺乏足够的常识认清所说的话是多么幼稚。但是，无论如何，培根的话也有对的地方。他说的话不仅适应于造谣诬蔑，同时也适用于自我赞扬。因此，他建议我们不妨酌情地夸赞自己一番。

如果我们怀疑一个人的话时，我们应该假装相信他所说的话；因为这样他就会变得放肆大胆，就会更加有恃无恐地说出谎言而最后拆穿自己。但如果我们发现他的话部分地泄露了他其实想掩藏起来的真相，那我们就应该装出一副不相信的样子。由于受到这样的抵抗刺激，他就会调动其余的真相以应战了。

我们一定要把自己的私人事情视为秘密。我们的相熟朋友无法亲眼看到的事情，就尽量不要让他们知道。因为随着时间和形势的改变，他们对我们那些最无可挑剔的事情的了解都会为我们带来弊端。大体说来，我们更应该通过不曾说出口的话语，而不是经由说过的话来显示我们的见解。选择前者是明智的，而采用后者则是虚荣心导致的。我们经常都有做出这两者的机会，但我们通常为求得到瞬间的快感而选择后者，不惜舍弃前者所带给我们的恒久的益处。甚至热烈、活泼的人所喜欢采用的那种大声跟自己说话以放松心情的做法也应该予以杜绝，以免让这种行为变成了一种习惯。因为这种习惯一旦形成，思想就会与说话亲密无间。慢慢地，甚至与别人的交谈也会演变成为说出声音的思维，而如果我们是明智的话，我们就会在思想和说话之间保留相当的距离。

有时，我们自认为别人根本就不会相信我们说的某些事情，但事实上，别人还不曾想到过要怀疑这些事情的真实性。但如果由于我们做出的行为使他们真的对这些事情产生怀疑，那他们就肯定不会相信它们了。我们经常暴露了自己，只是因为在我们的想象中，别人不可能不发现和注意到某些东西。这情形就犹如站在高处，因为头晕目眩，亦即因为我们认定不可能站稳，所以就从高处栽了下来。站在高处的揪心感是那样的难受，及早跳崖会令人更舒服一些。这种错觉就叫作Schwindel。[1]

在另一方面，我们却应该认识到：某些在别的方面并不曾表现出丝毫洞察力的人，却能够在研究别人私事这件事情上成为专家。只要掌握了少量的事情，他们就能解决极为复杂的难题。比如，如果我们告诉他们某件往事，但又没有透露任何名字和描述任何当事人的特征，那么，我们就必须小心不要说出任何肯定的和具体的情况，例如时间、地点、相关的人的名字、其他只是和事件有任何关系的事情，虽然这些并不起眼，意义也不大。因为得到了这些有根据的资料，那些专家们就能发挥他们精准的洞察力把其他的一切情况一一都发掘出来。这些人的好奇心在这一方面却是如此的强烈，意欲借此激发和发动起他们的全部智力，直到获得最孤僻、最不起眼的事实为止，因为即使这些人对于普遍的真理无法感知而且也不感兴趣，但是对于那些单个的真相他们却是充满好奇的。

基于这个道理，所有教导处世智慧的大师们都热切地用大量实例强烈建议人们保持沉默。所以，这话题我说到这里也就可以停止了。我还想告诉大家几条见解独到却又鲜为人知的阿拉伯谚语："任何你的敌人不可以知道的东西，都不要告诉你

[1] 即"头脑晕眩"的意思。

的朋友。”“如果对我的秘密保持沉默，那么，这个秘密就是我看管的囚徒；如果失口说出了这个秘密，那我就变成了它的囚徒。”“沉默之树结出安宁之果。”

我们让自己被别人骗去的金钱花费得至为值得，任何其他的金钱花费都无法与之相比，因为用这笔钱，我们直接买回了聪明。

我们要尽最大的限度避免对他人产生敌意，但我们却一定要注意每一个人的行为举止，并把它们记在心里，因为我们可以通过这些行为判断这个人的价值大小，至少可以判断他对于我的价值，并据此制定出对这个人所应采取的态度和行为。必须永远记住：人的性格是不会改变的。无论何时，把一个人的性格中的劣性忘掉就跟扔掉了我们千辛万苦挣得的金钱一样。只有这样我们才不会与人过分亲密和与人结下愚蠢的友谊。

“不爱也不恨”包含了全部世俗智慧的一半；“不要说话也不要相信”则包含了另一半的人生智慧。不过，当然了，对于一个需要谨守这一条以及正面这些规律的世界，我们避之唯恐不及呢。

在话语或者表情中流露出愤怒和憎恨是毫无用处的，既不理智和安全，又可笑和流于俗套。因此，除了在行动之外，我们不可以显露出憎恨或者愤怒。我们越能成功地避免由话语和表情上表示愤怒，就越能成功地通过行动把它表现出来。冷血的动物才是唯一有毒的动物。

说话不要用重语气[①]。这一条世故的古老遗训旨在让别人用他们的理解力去体会我们说话的潜在含义，因为普通人的理解力是迟缓的，在他们理解我们说话的含义之前，我们的话早就说完了。但如果说话时加重语气，那就等于我们在向别人诉诸感情了，这样一来，事情就会朝相反的方向发展。对不少人我们可以保持礼貌的态度、用友好语调说出真正无礼的话语而又避免遭受直接的危险。

① 法国谚语。

我们对于命运和世事的发展应保持的态度

人生无论以何面目呈现在我们面前，构成人生的仍然是相同的要素。因此，不管人生是在茅棚、在王宫，还是在军营、修道院里度过，人生归根到底还是相同的人生。人生的际遇、历险，获得的幸福或者遭受的不幸尽管千差万别，生活仍然像糖果一样：尽管糖果的形状千奇百怪、颜色多种多样，但都是由同样的糖果浆做成。一个人的遭遇和另一个人的经历，彼此的相似程度远甚于我们根据他人的描述所认为的那样。我们生活中的事件就犹如万花筒里面的画面，每次转动万花筒都让我们看到不同的画面，但其实，我们的眼前就只是那同一个万花筒而已。

一个古老的作家言辞恳切地说过：在这世上存在三种力，分别是明智、力量和运气。我相信运气极为关键。我们的一生可以比喻成一条船的航程。不管是顺运还是逆运，风都可以迅速让我们起航，同样也可以把我们推回老家。所以，我们的努力和奋斗都是毫无意义的。我们的努力和挣扎只是划船的桨橹，它们的作用微乎其微。我们竭尽全力挥舞桨橹数小时，终于向前走了一程，这时，突如其来的一阵强风一下子就能使我们倒退回原来的地方。一句西班牙谚语恰到好处地表达了命运的强大力量："祝愿你儿子好运，然后把他抛进大海吧！"

但是，运气却是一股邪恶、危险的力量，我们应尽可能摆脱它的控制。在所有的赐予者当中，又有哪一位赐予者是这个样子，在赐予我们的同时，却又清楚无误地向我们表明：我们对于他所赐予的礼物并没有非得到不可的资格和权利，我们得到这些馈赠需要感谢赐予者的仁慈和施舍，而不是把这些馈赠归之于自己的努力，我们也就只能以无比谦卑的姿态，怀着喜悦的心情去接受更多不配获得的恩赐。这一位赐予者就是运气。它懂得运用一种君王的气派和艺术让我们清楚明白：在它的仁慈、恩惠面前，我们的一切功劳、业绩都是无足轻重、无能为力的。

当我们回看走过的人生旅途，从整体上审视"迷宫一般的犯错历程"和诸多错失的幸福、招致的不幸，在这时候，我们很容易苛责自己。其实，我们走过这样的人生路程并不完全是我们发自内心的所为。这是外在事件和我们不断做出的决定这两种因素综合作用导致的结果。这两种因素纠缠在一起，并相互影响。另外，我们在上述两个方面的视野都是相当狭窄局促的。我们无法预知将要做出什么决定，更加不可能预见将要发生的外在事件。

我们只了解现在此刻发生的事情和我们的打算。因此，当我们的目标遥不可及的时候，我们甚至不能直接向着这一目标前进，而只能迂回包抄，大致上向着这个目标的方向前行。所以，我们经常得小心调节和变换行进的路线。我们能做的事情也就是根据现在的情况作出判断，希望这样做能让我们越来越接近我们的目标。通常，外在的事件和我们的基本目的犹如两股向着不同方向牵引的力，这两股力形成的对角线也就成了我们生活的真实轨道。泰伦斯说，人生就像一盘掷骰子游戏，掷出的骰子如果与你的意愿相悖，那你就只能凭借技巧，去改进命运所摊派的骰子。这里，泰伦斯说的应该是类似十五子掷骰子游戏。我们可以说得简约一点：命运负责洗牌和派牌，而我们只负责出牌。下面的比喻最恰当地表达我想要表达的意思：人生就像一盘棋局，我们计划好了一套走法，但实施这一套计划的条件却是由棋局中的对弈者的意愿所决定。通常，我们对自己的计划要做出大幅度的调整修正，这样，在计划实施的时候，原来的计划已经变得面目全非了。

另外，在我们的人生进程中，有某些东西的价值是超过一切的。我这里说的就是这么一个简单的但却久经证明了的真理：一方面，很多时候，我们比自己认为的更加愚蠢，但在另一方面，则比自己认为的要聪明很多。事过境迁以后，我们才会有这个发现，并且那也是在经过比较长的一段时间以后。我们的自身具有某些比我们的头脑还要聪明的东西。我们在人生历程中所作出的重大举措和迈出的主要步伐，与其说是遵循我们对于何为对错的清楚认识，不如说是遵循某种内在的冲动或者本能，它源自我们基因的最深处。在事情发生以后，我们可能对自己的行事进行挑剔和批评，但现在，我们根据的只是那些看起来合情合理，但其实并不是充分的，而是牵强的甚至是假借的概念，并且我们把我们的事情与那些笼统的规律和他人的例子作比较。我们并不曾认真考虑到这条格言："一条规律不可能放之四海而皆准。"我们很容易就会不公正地对待自己。但事情总会有个水落石出。也只有幸运地活至老年的人才具备能力对自己一生中的对错从主观上和客观上作出判断。

或许，人的内在冲动不知不觉地受到了我们睡梦的影响，这些梦带着预示的含义，在我们醒来的时候就被我们彻底忘记了，但正是我们的睡梦给予了我们的生命某种匀称的调子和某种戏剧性的统一，而这些却是我们那犹豫不决而且屡屡犯错的大脑意识无法带给我们的。由于睡梦的影响，那些生来就注定要成就一番伟大事业的人，从青年时代起就在内心秘密地感受到了这一事实。他就会像建筑蜂巢的工蜂那样去努力完成自己的使命。对于每一个人来说，它就是本能对于自我的巨大保护。一旦失去了它，这个人就会走向毁灭。根据抽象原则行事是充满困难的，因为这需要经过很多练习以后才能做到，而且还不能保证每次都取得成功。抽象原则常常是不足够的。相比之下，每个人都有某些与生俱来的具体原则，这些原则深藏于每个人的血液和骨髓之中，因为这些原则是人们全部的思想、感情和意愿的结果。人们并不是在抽象思想中认识到自己的这些原则。只是当我们回首自己一生的时候，才会注意到我们其实无时无刻不在遵循着自己的原则行事，这些原则犹如一条看不见的绳线操纵着我们。这些原则因人而异。人们各自随着这些原则的引领走向幸福或者不幸。

我们应该牢牢记住时间的作用以及事物昙花一现的本质。因此，对于任何正在发生的事情我们都要很快清晰地想到其相反的一面。所以，在富裕之时要想到落魄、不幸的时候，从友谊上要想到反目成仇的样子，在风和日丽时要考虑到电闪雷鸣的时候，从爱想到恨，从信任和坦白想到背叛和愧疚等等，反之亦然。这样做会使人们永久地增进那真正的、人世间的智慧，因为我们会变得凡事三思而后行，不会轻易地上当受骗。在多数情况下，我们可以由此预计到时间所发挥的作用。但是，与掌握其他知识相比，要正确认识事物的反复无常的本质，经验或许更为重要，正因为某种状态或者条件在其持续的时间内必然地、绝对合理地存在，所以，每一年、每一月、每一日看上去都有理由和权利永恒不变地存在。但是任何事物都无法保留这种权利，只有转换变化才是永恒的。一个明智的人其实就是一个不会被事物恒久不变的表面所欺骗的人，他甚至预见到了事情即将往哪一方向变化。但是在一般情况下，常人却把目前的事物状态或者它们发展的方向视为永远不变的。这是因为一般人只能看到效果，但又不明白为何会产生这些效果，而这个问题的答案恰恰包含着将来变化的种子。但常人唯一看到的效果并不具备这些种子。人们固守着目前的效果，以为他们从未看到的、造成了现在这种效果的原因仍然可以维持现状。但是，普通人具有一个优势，那就是如果他们犯错的话，那他们是行动一致地犯错的。所以，在他们犯错而面临灾难的时候，那灾难往往波及众人。但当一个思想家犯错的时候，他只能一个人来承担后果。在此，我们附带看到了我的这条原则得到了证实，那就是：谬误总是产生在从事物的结果推究其原因的过程（参看《作为意欲和表象的世界》第一卷第十五章）。

但是，我们只是从理论出发，通过预测事物的结果来预料将来可能发生的事情，而不是在实际生活中提前要求得到只有时间过后才会留下的东西。谁要真的这样去做了，那他就会发现再没有比时间更加刻薄的高利贷者了。如果我们强迫时间提前做出预支，那时间索取的利息比任何一个犹太高利贷者还要高额。比方说，采用生石灰和温度，我们可以加速一棵树的生长，可以让它几天之内长叶、开花和结果，但这棵树很快就会凋谢、枯萎。如果一个小伙子想完成一个成熟男人才能做的生殖工作，在他年仅十几岁时做在30岁才可以做的工作，那么时间还是会对他做出预支的，但是他以后的生命中的一大部分精力就是支付这样做的利息。我们能够从许多疾病中完全恢复过来，就是因为我们让这些疾病自然发展，在完成这一过程以后，它们就自己消失，不留下一点痕迹。但如果我们要求马上就痊愈，那时间也只能做出预支：疾病治好了，但利息将会是我们的身体一直处于虚弱的状态而且在以后的生命中，疾病将反复发作。在战争中或者在国内发生动荡的时候，我们急切需要金钱。我们迫不得已以正常价格的三分之一，甚至更少卖掉了我们的地产或者政府公债。其实，如果我们愿意等待时间的发展，那我们就会收到我们财产的全价。但我们却强迫时间做出预支。又或者，我们需要得到一笔钱去作一次长途旅行。在一二年间我们就可以从我们的收入中凑到这笔费用，但是我们却不愿意等待，我们因而向他人借钱或者从自己的本金中预支这笔钱，也就是说，时间向我们做出预支了。那么，支付利息就会把我们的账目弄得一团糟，我们永远都难以摆脱赤字的纠缠，这就是时间放出的高利贷。所有那些急不可待的人都是它的受害者。试图强迫正常、适中的时间加快步伐是要付出至为昂贵代价的行为。所以，我们应该小心不要预支时间，它的利息我们还不起。

庸俗的人和明智的人之间的典型差别反映在日常生活中就是

在评估和考虑是否存在可能的危险时，前者只是提出并且考虑相类似的危险是否曾经发生，后者却思考有可能发生什么事情，并且牢记这一句西班牙谚语：“在一年都不曾发生的事情有可能在几分钟之内发生。”当然，这两种人考虑的问题有所不同是合理的，因为考虑将要发生什么事情需要洞察力，而看到已经发生了的事情则只需眼睛而已。

但是，我们的格言应该是：必须为邪恶之神做出牺牲。换句话说，我们要不惜花费时间、人力、金钱和忍受烦琐、不便以及减少自己的需求，目的就是减少发生不幸的可能性。我们做出的牺牲越大，那发生不幸的可能就越小、越遥远。这一方面至为清楚的例子就是交纳保险金。这是众人奉献给邪恶之神的祭品。

我们应该不以物喜不以己悲，因为一切事物都在改变，而且我们对于何者有利、何为不利的判断是不确定的。因此，几乎每一个人都曾经一度为某件事情悲伤难过，但最后那件事却被证明是一件天大的喜事。又或者，我们曾经兴高采烈的事情，最后却变成了让我们极度痛苦的根源。我在这里向大家推荐的心态被莎士比亚用诗句表达了出来：

我已经尝惯人世的悲欢苦乐，

因此，无论何种突如其来的变故，

也不会使我、像女人一样软下心来，

流泪哭泣。

——《终成眷属》第三幕，第二场

通常来说，一个人在遭遇各种不幸灾难的时候，如果能够保持沉着冷静，那就表明他清楚地知道人生可能遭遇的苦难是巨大的和不可胜数的，所以，他把自己所遭遇的不幸仅仅看作那些发生的无穷苦难中的沧海一粟而已。这也就是斯多葛派哲学所提倡的心态：我们永远不应“忘记人类的自身条件”，而要时刻记住人的生存大致说来是一种悲惨、可怜的宿命，它遭受难以胜数的灾祸和不幸的袭击。我们只需环顾四周就可以重温这种认识：无论我们身处何方，都可看见人们为了这一悲惨、贫瘠和徒劳的生存而拼力挣扎和搏斗，饱受折磨。为此原因，我们应该减少、节制我们的期望和要求，学会接受和适应不如意的事情和处境，时刻留意防止或者承受不幸的灾祸。这是因为大大小小的不幸事件是我们生活的组成部分，我们应该把这一点时刻牢记在心。因此我们不应像一个永难满意的人那样拉长着脸，和巴里斯福德[1]一道，为人生中无时不在发生着的苦难唉声叹气；更不应该“为每一个虱子的叮咬而呼唤神灵”。相反，我们应该谨慎、细心地预

① 两卷本《人类的苦难》（1800）的作者。

见和避开可能的不幸，不管这些不幸来自人还是来自事。在这方面我们应做到竭尽全力、精益求精，就像一只聪明的狐狸，灵巧地躲开大大小小的灾害（很多情况下，所谓的小灾害只是戴上面具的小小不便而已）。

假如我们从一开始就认定灾难随时有可能发生，并且，对此积极准备，那么，当灾祸真的发生的时候，我们忍受它带来的困难就会相对容易。这主要是因为：在灾祸还未到来之前，如果我们冷静地把它看作极有可能发生的事情，那我们就可以预先从多方面、清晰地考虑灾祸的程度、范围，这样它就起码是有限的而且一目了然的。当灾祸真的发生时，我们就可以有足够的方案应对它。但如果我们不曾做到这一点，而是在毫无准备的情况下横遭不幸的打击，那我们受到惊吓的头脑在第一时间并不会准确地测量飞来横祸的程度和范围，这样，由于心中没数，这一灾祸就会显得无法捉摸，起码很容易会显得比实际的更严重。模糊不清和无法确定会以相同的方式使每一危险显得比它的实际样子更加厉害。当然，在我们把不幸视为有可能发生的同时，我们也考虑到了我们会得到的帮助和做出的补救措施；或者至少在头脑中习惯了灾祸这一表象。

我们以沉着冷静的态度应对发生在我们身上的不幸和灾祸的最佳方法，莫过于确信这一真理：“发生的所有大大小小的事情，都是必然地发生。”在我那篇获奖论文《意欲的自由》中，从最基本的根据推断出并确定了这一真理。对于不可避免地必然要发生的事情，人们很快就会加以接受。认识这一真理就能帮助人们把发生的所有一切，甚至包括那些由于最离奇怪的偶然变故而导致发生的事情，都同样地视为必然地发生，它们跟那些遵循最广为人知的规律、并且完全是在人们的意料之中发生的事情一般无异。我建议读者参阅我的《作为意欲和表象的世界》第一卷第五十五章，在那里，我已经讨论过认识到事情是不可避免和必然地发生这一真理以后，心灵会感受到抚慰和宁静。谁要是深切、全面地明白了这个真理，就会首先做自己分内的努力，而对于自己必须忍受的痛苦也会心甘情愿地承受。

我们可以把那些琐碎的、时时刻刻烦扰我们的微小不幸看作上天故意给我们安排的练习和锻炼，这样，我们就不至于在安逸中失去了忍受巨大不幸的能力。我们在每天交往中碰到的琐碎烦扰，他人趾高气扬的态度和不文明的举止，别人的不足挂齿的冒犯，对于这些烦恼，我们应像带角的西格弗里德[1]那样，亦即是说，我们应该不为所动，完全不把这些东西放在心上。我们应视这些东西为前进路上的小石子，做到麻木不仁，把它们随脚踢开。我们确实不能认真去回想和琢磨这些鸡毛蒜皮的事情。

---

① 德国13世纪初民间史诗《尼伯龙根之歌》中的英雄。

但人们通常称为命运使然的事情却往往都是自己做出的蠢事。所以，我们不妨熟记荷马在《伊利亚特》二十三节的一段句子。荷马向我们推荐了一种聪明的反省方法。这是因为如果人们的邪恶行径将在下一世遭到报应，那么，人们愚蠢的行为就是现世报应的，尽管有时候我们会得到某些的赦免。

最危险和可怕的是人的狡猾，而不是人的暴怒。确实，人的头脑是比狮子的利爪还要厉害的武器。

真正老于世故的人，做事从来不会犹豫不决、举棋不定，这样的人不会匆忙急躁地行动。

对于我们的幸福，勇气是一种极为重要的、仅次于聪明睿智的素质。当然，我们无法给予自己这两种素质哪一种得之于父亲，而哪一种遗传自母亲。但是，不管我们具备这两种素质的程度为何，通过决心和练习都可以加强它们。在这一[1]的世界，我们需要铁一般刚强的“铁造的骰子决定一切”感觉意识，作为承受命运、防范他人的盾牌。这是因为人的一生就是一场战斗。我们所走的每一步都引起争端。伏尔泰说：“在这世上，我们只有挺着剑前行才能取得成功，我们死去的时候，手上仍然紧握着武器。”所以，一个人如果看见天空中出现了乌云就沮丧气馁、怨天尤人，那这个人就是胆怯、懦弱之辈。我们的

① 席勒《战役》一诗的开首句子。

格言应该是这样的："在邪恶面前不要让步，应该勇敢无畏地面对它。"（维吉尔）

就算是一件有危险的事情，只要它的结局仍然没有确定下来，只要还存在能够有一个更好结局的可能性，那我们就不要畏惧、犹豫，而应该努力抗争，正如我们只要还看到一小片蓝色的天空，我们就不应对天气感到绝望一样。的确，我们应该这样说："就算天空塌了下来，一片的废墟也不会改变他的脸色。"

别说生命中得到的各样好处，就算是整个生命，也不值得我们为它如此心惊胆战：

所以，他勇敢地生活，英勇地面对命运的打击。

——贺拉斯

但是，这样做很可能让我们在处理事情的时候变得过犹不及：因为勇气会导致我们犯冒进的错误。一定程度的腼腆畏惧对于我们在这一世界的生存是必需的，懦弱只是畏惧超出了限度而已。培根对于畏惧所作出的语源学上的解释比保存下来的普卢塔克的论述更进一步，他的表达令人赞叹。他说：事物的本性使所有的生物都具备了畏惧，这使他们得以躲避灾祸，保存生命。但是，这一本性却不会懂得节制有度，它总是把无用空洞的害怕和那些有益的害怕混合在一起，所有生物（如果我们能够窥见其内心），尤其是人类内心因此都充满了这种大自然所共有的畏惧。另外，这种大自然所共有的畏惧的典型特征就是它并不清晰地意识到生发这种畏惧的根据，它对这些根据是假设甚于认识。的确，万不得已的时候，畏惧本身就成为畏惧的理由了。

第六章　人生的各个阶段

童年期:纯粹客观的年纪

伏尔泰曾经说过：

一个人如果没有他那种年龄的神韵，

那他也就会有他那种年龄特定的种种不幸。

所以，在我们探讨幸福的末尾处，对于人生的不同阶段所带给我们的变化作一个简单的考察，是恰当适宜的。我们终其一生都只是生活在现时此刻。不同时期此刻相互之间的差别在于：在生命开始的时候，我们前面是长远的未来，但在生命临近结束时，我们却看到了我们身后走过的漫长的过去。虽然我们的性格保持不变，但我们的心境却经历了某些显著的变化。不同时期的“现时此刻”由此沾上了某种不一样的色彩。

在《作为意欲和表象的世界》第二卷第三十一章，我已经阐明并解释了这一事实：在童年期，我们更多的是处于认知的状态，而不是意欲的状态。正是基于这一事实，在生命这最初四分之一时间里，我们能够享有喜悦之情。童年期过去以后，我们留在身后的是一段天堂般美好的时光。在童年，我们关系不广，需求也不多，也就是说，我们并没有怎么受到意欲的刺激，我们大部分的生命都投入到认知活动中去了。我们的大脑在7岁的时候已经长至最大的体积，同样，我们的智力很早就发育成长，虽然此时还没达致成熟。但在童年的崭新世界里，它却一刻不停地汲取营养。在儿童的眼中，一切事物都带有一种新奇的魅力。据此，我们的童年时光就是一首持续不断的诗篇，因为，一如其他所有艺术，诗的本质就在于从每一单个事物把握这一事物的单纯的理念，也就是说，把握这一单个事物的最核心、因而也是这类事物所共有的整个特征，每一个单个事物都以这样的方式代表了它这一类的事物，一以类千。

尽管现在看起来，我们在童年时期似乎始终关注着当时个别的事物或者发生的个别事件，甚至只是在某一事物或某一事件刺激到我们的意欲时，我们才关注它们片刻。不过，归根到底，情况并不是这样。这是因为在童年时期，生活的全部、完整的含义是那样新奇、鲜活地呈现在我们眼前的，生活所给予我们的想象并没有因为多次的重复而变得模糊不清，而在我们的童年活动当中，我们在并不明白自己的情况下，总是默默地忙于从我们所见的单个场景和单个事件中，了解生活自身的本质，把握生活形态的基本典型。我们就像斯宾诺莎所说的："从永恒的一面看人和事"。我们越年轻，每一个单个事物就越代表了这一类事物的整体。但这种情况正在逐年减弱。因此，事物在年轻时候所留下的印象与在年老时候我们所感受的印象是天差地别的。所以，我们在童年时期和青年早期对事物的接触和经验构成了以后所有认识和经验的固定典型和类别。以后的人生认识和经验都会被纳入这样的基模，但我们并不总能够清楚地意识到我们这样做了。所以，在童年时期我们就已经打下深刻的或者肤浅的世界观的坚实基础。我们的世界观在以后的时间里会得到拓展和完善，但在本质上却是不会改变的了。由于这样一种纯粹客观的、因此也是诗意的视角观点，这是童年时代的特征，它得益于当时的意欲还远远没有全力发挥作用，所以当我们还是孩子的时候，我们的认知活动远超意欲活动。所以，许多儿童的眼神是直观和认真的。拉菲尔在描画他的天使的时候，尤其在他画的西斯廷圣母里面的天使，就很巧妙地运用了这种眼神。这就是为什么童年的时光是那样的愉悦，我们对童年的回忆总免不了伴随着眷恋之情。

当我们如此认真地投入直观认识事物的时候，教育也在迫不及待地向我们灌输乱七八糟的概念和知识。但是，概念知识并不会给我们带来对事物真正本质性的认识，相反，对事物本质的认识在于我们对这个世界所做的直观把握。但是获得这样的一种直观认识只能经由我们的自身，任何方式的灌输都是无能为力的。因此，我们的智力，一如我们的道德，并不来自于外在，它源自我们自身的本质深处。没有哪一位教育家可以把一个天生的蠢人培养成一个有头脑的人，永远不！他出生的时候是一个傻瓜，那直到他死的时候仍然还是一个傻瓜。一个人对于外在世界的初次直观把握是很深刻的，这也就解释了为什么我们的童年环境和经验在我们的记忆里会留下如此深刻的印记。我们全神贯注于我们周围的环境，任何事情也分散不了我们对这环境的注意力，我们仿佛把眼前的事物视为这一类事物的仅有者，似乎在这世上就只有它们的存在。在以后的日子里，我们才知道在这个世界上还另有种类繁多的事物，我们由此失去了勇气和耐心。我在《作为意欲和表象的世界》的第372页已经阐明：所有的事物作为客体，亦即纯粹作为表象而存在时，毫无例外都是令人愉快的，但当这些事物作为主体存在，亦即存在于意欲之中时，却都沉浸在痛苦和悲哀之中。

在这里，如果读者回想一下我的这一阐述，那么，他们就会接受这一句话作为对我的阐述的简单概括：一切事物在被观照时都是愉悦的，但在具体存在时，却是可怕的。根据以上所述，在童年期，我们更多的是从观照的一面，而不是从存在的一面认识事物，也就是说，事物是作为表象、作为客体，而不是作为意欲被我们所了解。因为前者是事物令人愉快的一面，而主体可怕的另一面却又不为我们所知，所以，我们年轻的头脑就把现实、艺术所呈现的各种形体视为各式各样的愉悦之物，我们会以为：这些事物看上去是那样的美好，那么，具体的存在就会更加美好了。所以，我们眼前的世界宛如伊甸乐园，我们出生的地方就是阿卡甸高原。这样，在稍后的日子，我们就有了对现实生活的渴望，我们急切期盼着做事和受苦，这就把我们拉进了喧嚷、躁动的人生，生活在这纷扰的世界里，我们才学会了解到事物的另一面，事物的存在亦即意欲的一面，我们行进的每一个步伐都受到了意欲的影响。然后，一股巨大的幻灭感慢慢降临了。在此之后，我们也就可以说：幻想的时代一去不复返了。但是，这股幻灭感继续不断地增强、加深和变得完全彻底。据此，我们可以这样说：在童年的时候，生活呈现的样子就像是从远处看到的舞台布景；而到了老年期，我们则走到了最近的距离看作相同的布景装饰。

最后，我们在童年期感到幸福是因为就像在初春，树叶都带着同样的颜色、具有几乎一模一样的形体一样，同样，我们在幼年时也是彼此相似并因此和谐一致。但是随着青春期的到来，人与人之间的差异和分歧也就出现了，这和圆规的半径越大，划出的圆圈也就越大是同一样的道理。

青年期：执着于幸福的阶段

我们前半生的结尾处，也就是我们的青年时代，拥有比起我们后半生更多的优势，但是，在这青年时期，造成我们不幸福的根本原因就是我们对于幸福的追求。我们如果设想这样一个假定：我们可以在生活中寻觅到幸福。我们的希望由此持续不断地落空，而我们的不满情绪也就由此产生。我们梦想得到的模糊不清的幸福在我们面前随心所欲地变换着种种魔幻般的图像，而我们则徒劳无功地追逐这些图像的原型。所以，在青春岁月，无论我们身处何种环境、状况，我们都会对其感到不满，那是因为我们刚刚才开始认识人生的空虚与可怜。在此之前，我们所期盼的生活完全是另外的一副样子，但我们却把无处不在的人生的空虚与可怜归咎于我们的环境和状况。在青年时候，如果人们能够得到及时的教诲，从而根除这一个错误的见解，即认为：我们可以在这世界上尽情收获，那么人们就能获益良多。但是，现实中真正的情形却恰恰与此相反。我们在早年主要是通过诗歌、小说认识生活，而不是通过现实。我们处于活力四射的青春年华，诗歌、小说所描绘的场景在我们的眼前呈现，我们备受渴望的折磨，巴不得那些景象马上成为现实，迫不及待地要去抓住彩虹。年轻人期望他们的一生能像一部趣味盎然的小说。他们的失望也就由此而来。对于这一点，我在《作为意欲和表象的世界》第二卷第374页已经作了解释。那些画像之所以具有如此的魅力，正是因为这些纯粹只是画像而已，它们是虚假的。所以，我们在观照它们的时候，我们是处于纯粹认知的宁静和自足状态之中。要把这些画像一一实现，就意味着必须浸淫在意欲里面，而意欲的活动不可避免地带来痛苦。关于这一问题，有兴趣的读者可参阅我的上述著作的第427页。

所以，如果人的前半生的特征是对幸福苦苦追求，但是却始终无法得到满足，那么人的后半生的特征则变成了对遭遇不幸的害怕和忧虑。因为到了人生的后半部分，我们或多或少都清楚地了解到：所有的幸福都是虚幻的，而苦难才是真实的。所以，现在我们努力争取的只是一种无痛苦和不受烦扰的状态，而不是快感逸乐，这至少对于具有理性的人来说是这样。在我年轻的时候，当房门响起敲门声时，我会很高兴，因为我想："幸福就要来了。"但在往后的岁月，在相同的情形下，我的反应却变成了类似于害怕："不幸终于到了。"芸芸众生之中有一些出类拔萃、得天独厚的人物，他们既然是这一类的人物，那就说明他们并不真正地属于芸芸众生，而是孤独地存在于这片天地。所以，根据他们自身的优势程度，他们对于生活或多或少地只感受到这两种截然相反的感觉：在青年期，他们感觉被众人抛弃，等到年长以后，却感觉自己必须摆脱众人。前者并不舒服，因为他们对人生还缺乏了解，后者却令人愉快，因为他们对人生已经有了认识。这样的结果就是：人生的后半部分，犹如一个乐段的后半部分，比起前半部分减少了奋斗和追求，但却包含了更多的安宁和平和。这主要是因为人们在青春年少时认为：这个世界充满着唾手可得的幸福和快乐，人们只是苦于找不到门路获得这些幸福、快乐而已；但到了老年，人们就会知道，在这个世界本就没有什么幸福、快乐可言，他们因而心安理得地品尝着那得过且过的现状，甚至于从平淡无奇中找到乐趣。

一个成熟的人从自己的生活经验中所能获得的，就是摆脱偏见，让思想得到自由。这样，他发现世界与他童年和青年时期所看到的完全不同。他开始以朴素的眼光看待事物，客观地评价它们。但对于少儿和青年人来说，他们头脑中的奇特的想象、古怪的念头和流传的先入为主的观点，共同拼凑而成一幅歪曲和伪装了真实世界的幻象。这样，人生经验的首要任务，就是摆脱那些在我们青春期扎根头脑的幻想和虚假概念；但要防止人们在青年时代沾染这些东西却是一件相当困难的事情。

能达致这一目标的教育将是最理想的教育，虽然这种教育只能是否定的。要达到这一目标，我们必须从一开始就把童年期孩子的目光和视野控制在尽可能狭窄的范围内。在这一范围之内，我们给孩子提供清晰、准确的观念，只有在他们认清这一视野范围之内的事物以后，才可以逐渐地扩宽眼界。与此同时，还要时刻留意不要让任何模糊不清、一知半解或者偏差走样的认识存留在他们的头脑里。这样做的结果就是，人们对事物和人际关系的观念虽然是狭窄的，但却胜在非常朴素。也正是出于这样的原因，他们的观念将是清晰的和正确的。这些观念只需要随着年龄不断拓宽，但是不需要修正和勘误。这种教育需要一直维持到青年时代。这种教育方式尤其要求人们不要阅读小说，取而代之的是阅读合适的人物传记，比如富兰克林的传记、莫利茨写的《安东·赖斯》等。

当我们还是年轻人的时候，我们误以为生活中的重要人物和有影响的事件会大张旗鼓地显露和发生。但是等到我们的岁月行至暮年，对生活所做的回顾和检查却告诉我们，这些人物和事件都是悄无声息从后门潜入我们的生活中。

根据我们到此为止所做的考察，我们还可以把生活比做一幅刺绣品：处于人生前半段的人看到的是刺绣品的正面，而到了人生后半部分的人，却看到了刺绣品的背面。刺绣品的背面并不那么美丽，但却给人以教益，因为它可以让人清楚地看到刺绣品的总体针脚。

一个人高人一筹的智力，甚至最伟大的精神智力，也只有到了40岁以后，才会在言谈之中显示这个突出的优势，成熟的年龄和丰富的阅历在许多方面无法跟高出一筹的精神智力相匹敌，但是前者却始终不能被后者所取代。年龄和阅历能使资质平平的大众在面对具有卓越精神的人时，获得某种的平衡补偿，但前提是后者还是个年轻人。我这里所说的是仅就个人情况而言，并不包括他们所创作的作品。

每一个出色的人，只要他并不属于那占人类的六分之五，却只得到了大自然可怜巴巴的赐予的人群，那么，过了40岁以后，他就很可能表现出对人的憎恶。因为，他通过自己来推断别人而逐渐对人的种种行为感到失望。他看到人们无论思想（脑）还是感情（心），甚至在很多情况下这两者兼而有之，都不是与他同处一个水平线上，而是远远逊色于他。他因而希望避免与这些人来往，因为一般来说，每一个人对独处，即与己为伴的喜爱抑或憎恶，由他自身的内在价值所决定。康德在《判断力批判》一书的第一部分第二十九章的概言中也讨论了这种对人的憎厌之情。

如果一个年轻人很早就洞察人事，擅长于与人应接、打交道；因此，在进入社会人际关系时，能够驾轻就熟，那么，从智力和道德的角度考虑，这可是一个糟糕的迹象，它预示这个人属于平庸之辈。但如果在类似的人际关系中，一个年轻人表现出诧异、惊疑、笨拙、颠倒的举止和行为，那反而预示着他具备更高贵的素质。

我们在青年时代感受到喜悦之情和对于生活的勇气，部分原因源自我们正在进步，因而并没有看见死亡，因为死亡处在山的另一边山脚下。当走过了山顶，我们才跟死亡真正地面对面了。而在此之前，我们只是从他人的口中了解到死亡是个什么东西。到了这个时候，我们的生命活力已经越来越萎靡了，这样，我们对生活的勇气也就越来越衰竭了。这时候，抑郁、严肃的表情挤走了青春年少时目空一切的神态，并烙在了我们的脸上。只要我们还年轻，那么，不管人们对我们说些什么，我们还是把生活视为长无尽头而因此挥霍时间。我们年纪越大，就越懂得珍惜我们的时间。到了晚年，每过一天，我们就感觉我们像一个向绞刑架又前进了一步的死囚。

从年轻人的角度看待生活，那生活就是漫长无尽的将来，但从老年人的角度观察，那生活则是一段快如闪电的过往。在人生的开端，生活所呈现的样子，就像我们把观看歌剧的望远镜倒转过来张望，在人生将要结束的地方，我们则以惯常的方式用这望远镜观察事物。只有当一个人老了，亦即在他生活了足够长的时间以后，他才会认识到生活是多么的短暂。在我们的青年时代，时间的步子慢悠得多，因此，在我们生命中的这最初四分之一时间里我们不仅感到极其快乐，而且这段时间也还是最悠长的。所以，这段时间留给我们最多的记忆；一旦需要，一个人讲起在这段时间的事情远甚于在这之后的中年期和老年期。就像在一年中的春天，日子是令人难受的冗长，在生命的春天，日子同样烦闷漫长。但在这两者中的秋天，日子却是短暂的，不过更加明朗、更加缺少变化。

老年期：人生苦短，时光易逝

当生活即将结束的时候，我们并不知道生活跑哪儿去了。为什么到了老年，在回顾一生的时候，我们会觉得生活如此短暂呢？因为我们对一辈子中的发生的事情的回忆并不多，所以我们觉得这段生活短暂就没什么值得奇怪的了。一切不重要的和不愉快的事情都从我们的记忆中筛漏掉了，因此，遗留在我们记忆中的事情寥寥无几。我们的智力本来就有欠完美，我们的记忆何尝不也同样如此。我们学到的东西需要温习，过去了的事情需要回想，只有这样，这两者才不至于慢慢沉没于遗忘的深谷。但是，我们不会刻意追思不重要的事情，通常更加不会回想不愉快的事情。但如果我们要把这些事情保存在记忆之中，追思和回想的做法却是必需的。首先，不重要的事情会永远不断地增加，这是因为很多在开始时显得有意义的事情，经过多次永远不断地重复，逐渐就变得没有意义了。因此，我们更能回忆起我们的早年，而不是在这以后的时光。我们生活的时间越长，那值得我们以后回想的有意义和重要的事情就越少。但这些事情能够得以保存在我们的记忆中全都靠回想这唯一的方式。所以，事情一旦过去，它们就被我们抛在脑后了。时间就这样不留痕迹地飞逝而去。其次，我们不会喜欢回味令人不快的事情，尤其那些伤害了我们虚荣心的事情。而让我们不开心的事情往往都使我们的虚荣心受损了，因为对于遭遇不愉快的麻烦事，我们大都有一部分责任。许多令人不快的事情也就因此被我们忘掉了。正是生活中微不足道的事情和令人不快的事情缩短了我们的回忆。回忆的素材越多，那回忆就相对越少。犹如人们坐船离开海岸越远，岸上的物件就变得越少和越加难以辨认，我们以往的时光，经历过的事情也遭遇同样的情况。有时候，我们的回忆和想象把尘封已久的一幕往事栩栩如生地再次展现在我们的眼前，事情就像发生在昨天一样，它距我们是那么的近。这其中的原因就是我们无法同样生动地回想起过去发生这一幕往事距今为止的这段间隔时间。这一段时间无法像一幅图画那样让我们一目了然，并且，在这段时间里所发生的大部分事件也已经被我们忘记得差不多了。我们对这些事情只还保留着在抽象中的大概认识，那只是一个纯粹的概念而已，而不是直观认识。因此缘故，那过去很久了的一件往事显得那样贴近，宛如就发生在昨天，而其余的时间已经消失无踪了。整个一生显得如此短暂，令人无法想象。当一个人老了以后，那走过的漫长岁月，还有自己的风烛残年，有时候在某一瞬间，竟然会变得近乎疑幻不真了。这主要是因为我们首先看到的是摆在眼前的现在。诸如此类的内在心理活动归根到底决定于不是我们存在本身，而是我们存在的现象，依存于时间；现在此刻就是主体和客体的连接处。为什么在青年时代，我们在展望生活的时候，发现生活是那样的漫无际涯？那是因为青年人需要地方去放置他们的无边的期望，而要一一实现这些期望，一个人能活上玛土撒拉的岁数尚且不够。另外，青年人根据自己度过的为数不多的年岁来算量将来；这些过去了的日子总是充满回忆，并因此显得漫长。在这段过往岁月中，事物的新奇使一切事情都显得充满价值。这样，在今后，它们在人们的记忆中被反复回味、咀嚼。年轻的时光就以这种方式深印在我们的记忆之中。

有时候，我们以为自己怀念着某个遥远的地方，但事实上，我们只是怀念着我们在年轻、活泼的时候在那地方所度过的时间。时间戴上空间的面具欺骗了我们，我们只要到那地方一游，就会清楚我们受骗了。

要活到很大的年龄，最关键的条件是具备一副无懈可击的体魄。此外，我们有两种方法，这可以用两盏油灯的不同燃烧方式作一解释：一盏油灯虽然灯油不多，但它的灯芯很细，它能够点燃较长的时间；另一盏油灯虽然灯芯粗大，但它的灯油很足，它同样能燃上很长时间。在这里，灯油就好比一个人的生命力，灯芯则是对身体活力的任何形式的消耗和挥霍。

至于生命力方面，我们在36岁以前，就好比吃利息过活的人：今天花去的金钱，明天又能赚回来。但是，过了36岁的年龄以后，我们就更像是已经开始动用自己赖以生活的本金了。刚开始出现这种情况时，迹象并不明显，所消费的金钱大部分又会自动回来，微小的财政赤字并不会引起注意。但赤字在逐渐增长会逐渐得明显，其增长势头演变越烈，情况一发不可收拾，并且没有任何能够遏止这种势头的手段。本金的消耗速度不断加快，其势头就像不断下落的物体。到最后，钱财终于耗尽。如果这里作比较的生命和钱财真的处于日渐消耗的状态，那情形确实是相当悲惨的。所以，随着人变得越来越老，对钱财的执着和占有欲就越发强烈。相比之下，从人生开始到成年，甚至直至成年后的某段时间，就人的生命力而言，我们就像把利息收入存进本金，花费的利息不但自动赚回，本金也在不断地增加。如果我们能有一个足智多谋的顾问细心理财，那我们的金钱有时候也会有这样的结果：青年时代多么幸福！老年时期又多么悲惨！尽管如此，青年人应该爱惜自己的激情与活力。亚里士多德发现：青年期和成年期都在奥林匹克比赛中获胜的人很少。因为他们早年的艰苦训练已经在消耗了他们的生命力，到了成人阶段以后他们的力量就已经不在巅峰状态了。肌肉力量是这样，神经活力亦然，而神经活力的外在表现就是所有智力方面的成就。因此，早熟的神童就是温室教育结出的果子，他们在童年时引起人们的诧异，但之后就沦为思想相当平庸的人。甚至那许多的博学者，在早年为学习古老语言而强迫性地耗用了脑力，为此之过，在以后的日子，他们变得思想僵硬、麻木，失去了判断力。

我已经说过，一个人的性格看上去会跟他的某一个人生的阶段特别和谐一致。这样，到了那个特定的人生阶段，这个人就显示出他最好的样子。某些人在少年时代惹人喜爱，但这种情况随着时间消逝而不复存在，一些人在中年段特别活跃、能干，但到了老年以后，却变得一无是处，还有很多人到了老年才表现出自己最好的一面，他们既温和又宽容，因为到了此时，他们更富于人生经验，为人处事更加泰然自若。这种情况多见于法国人。这一切肯定是因为人的性格本身具有某些青年、中年或者老年所特有的气质特点，这一气质特点与人生的某一阶段相当吻合，或者，它对某一人生阶段发挥着修正、调整的作用。

就像一个置身于一艘船上的人只能根据身后河岸景物的后退和缩小来发现船只的前行方向和速度一样，同样，如果岁数比我们大的人在我们看来还显得年轻，那么我们就可以据此知道我们变老了。

在上文我们已经讲过，一个人年纪越大，他生活中的见闻经历在他的头脑中留下的印象就越少。在这种意义上可以这样说：人只是在年轻时期才充满意识地生活；到了老年，人只带着一半的意识继续活着。岁数越大，生活的意识就越发减弱；事情过去以后并不会留下什么印象，这就好比我们把一件艺术品看成千上万遍以后，它就再不会给人留下印象了。人们做他们不得不做的事情，但事成了以后却完全不记得自己干了些什么。既然现在他们对生活逐渐失去意识，那么他们向着完全失去意识的方向每迈进一步，时间的运转就变得越加迅速。在童年时候，新奇感把一切事物都纳入我们的意识。因此，每一天都是冗长的。我们外出旅行的时候，也遭遇这样的情况：在旅行中度过的一个月好像比在家的四个月还要久。虽然这样，对事物的新奇感却无法避免童年时代和外出旅行时那显得较长的时间变得的确冗长，难以打发，这是较之老年时期和在家而言的。不过，长时间习惯于同样的感觉印象，可能会导致我们的智力变得疲劳和迟钝。这样，一切都不留痕迹地发生和过去了。日子由此变得越来越无聊，并由此变得越来越短。童年时候度过的一个小时也比老人度过的一天要长。所以，我们生活的时间就像往下滚动的球体不断加速运动。另一个例子就是在一个转动的圆盘上面，距离圆心越远的点转动越快。同样，随着每个人距离生命开始时的时间越远，时间也就消逝得越快。由此我们可以判定，在直接评估我们对岁月流逝的心理感觉时，一年的感觉长短与这一年除以我们年龄所得的商数大小成反比。例如，如果一年构成了我们岁数的五分之一，那么，与一年只是我们岁数的五十分之一的时候相比，这一年就好像漫长了十倍。时间流逝的不同速度对于处于不同人生阶段的我们的整个生命存在带来了决定性的影响。首先，这种情况使人生区区十五年时光的童年阶段似乎变成了我们生命中最漫长的时期，也因此是最充满回忆的时期，它使我们对无聊的感受程度与我们的年龄成反比。小孩每时每刻都需要消遣以打发时光，不管那是游戏抑或工作。一旦缺少了娱乐，令人害怕的无聊就会撕咬他们。甚至青年人也仍然无法摆脱无聊的困扰，数小时无事可干就会使他们感到浑身难受。到了成年阶段，无聊不断减少。而到了老年，时间总是太过短暂，日子如白驹过隙。不言自明，我在这里谈论的是人，而不是老了的牲畜。在我们的后半辈子，时间加速流逝，无聊也就大都随之消失。同时，我们的情欲以及伴随这些情欲的痛苦也沉寂了。所以只要我们能够保持身体健康，那么，总的来说，到了后半辈子，生活的重负的确比在青年时期有所减轻。因此人们把这一段日子誉为“最好的时光”。从生活得舒服、愉快的角度考虑，这段日子确实是最美好的。相比之下，青年时期的一切事物都留下印象，每样事物都生气勃勃地进入我们的意识，这是它的优势，这段时间人们精神思想处于孕育期，是精神开始萌芽的春季。在此时期，人们只能对深刻的真实有所直观，但却无法对其做出解释。也就是说，青年人得到的最初认识是一种直接的认识，它通过瞬间的印象而获得。这瞬间的印象必须强烈、鲜活、深刻，才能带来直观认识。所以在获取直观知识方面，一切都取决于我们如何利用我们的青春岁月。在往后的日子里，我们能够对他人，甚至对这世界发挥影响，因为我们自身变得完备和美满了，不再受到印象的左右；但是，这个世界对我们的影响也相对减少。因此，这一段日子是我们做出实事和有所成就的时间，但青年期却是人们对事物进行原始把握和认识的时候。

在青年时期，我们的直观占据上风，但在老年期，思想却把牢了统治的地位。因此，前者是创作诗歌的时期，而后者却是进行哲学思考的时候。在实际事务中，青年时期的人听命于他们直观所见之物及其产生的印象，但在老年时期，人们只由他们的思想决定他们的行为。其中的原因就是只有到了老年，当对事物的直观印象积聚了足够的数量，对于事物的直观印象被归纳成为概念以后，人们才会赋予这些概念更加丰富的内容和意义。与此同时，直观印象由于习惯的作用而变得平缓了。相比之下，在青年期，直观印象在头脑中占据着优势，尤其对于那些活泼、想象力丰富的人更是如此。这种人把这世界当作一幅图画，所以，他们关心的事情就是在这世上应该扮演何种角色、如何显示和突出自己的价值，而他们对这世界的内在感觉则是次要的事情。这一点已经在年轻人的个人虚荣心和追求华丽衣饰上反映出来。

我们精神力最强旺、注意力最集中的时期，毫无疑问是在青年期。这个时期最晚能够延至一个人的35岁。从这个年纪开始，精神力就开始持续衰退了，即使这个衰弱过程相当缓慢。但是，在这之后的岁月，甚至到了老年，人们可以获得某种精神上的补偿。到了这个时候，一个人的经验和学识才算真正丰富起来。人们终于有时间和机会从多个角度去观察和思考事物，把不同事物进行比较，并发现它们彼此之间的共同点和连接点。这样，到现在我们才得以明白事情的整体脉络，一切也都清楚了。对于我们在青年时期就已经知道的事情，我们现在有了更加根本的认识，因为对于每一个概念我们都有了许多的实例证明。在青年时自以为了解的事情，到了老年才真正为我们所认识。最重要的是，我们在老年期的确知道了更多的事情，此时的知识经过反复多方面的思考变得真正连贯和统一起来，整个知识体系得到了完善。但在青年时代，我们的认识总是支离破碎、残缺不全的。一个人只有年纪大了，才能对生活获得一个完整、连贯的表象认识，因为到了老年以后，他才看到了生活的整体和生活的自然进程。他尤其不会像其他人那样，以刚刚入世的眼光看待生活，他的审视角度是离世的。这样，他就尤其能够全面认清楚生活的虚无本质。而其他人却总是执迷不悟，错误地认为事情迟早总会变得完美。较之于老年阶段，人们在青年时代有更多的设想，因此人们知道得不多，但却能够把有限的所知放大，但在老年阶段，人们具备更多的洞察力、判断力和对事物根本性的认识。在青年时代，一个精神素质出众的人就已经着手为他那独特、原初的观点和认识积累素材，也就是说，他为自己注定要给予这个世界的奉献做搜集功夫。但必须过一段时间，他才能够成为处理这些素材的主人。所以我们发现，一个伟大的小说作家通常要到了50岁才能创作出他的鸿篇巨制。尽管如此，青年时代是人们的认识之树扎下根基的时候，虽然最终结出果子的是树的叶顶。正如每个时代，甚至最贫瘠不堪的时代，都自以为比在它之前的那个时代文明得多——在这之前更早的时代就更不消提了——同样，处于各个人生阶段的我们也持有同样的观点。但是这些看法往往都是错误的。在身体发育成长的阶段，人们身体力量和知识不断增强。他们也就习惯于看重今天，而轻视昨天。这样的一种习惯看法在我们头脑生根，然后，在我们精神力开始衰弱，在今天要反过来带着尊崇看昨天的时候，我们还保留着原来的习惯。因此我们经常不仅小看我们早年做出的成绩，同时，也轻视年轻时候的判断力。在这里需要指出：虽然一个人的智力素质，就像他的性格和感情一样，就其本质而言是与生俱来的，但是，人的智力素质却不像人的性格那样恒定不变。它其实受制于变化着的情形，而这些变化着的情形总的来说是按规律出现的。这其中的一个原因是人的智力立足于这一物理世界，另一原因就是智力需要得到经验的素材。因此，人的精神智力经过持续的发展才达至顶峰，在这之后就逐渐衰退，直至最后的痴呆状态。吸引和活跃我们智力的素材，亦即我们思想和知识的内容，我们实践、练习、经验和了解的对象——我们通过这些而获致世界观的完善——直至我们的精神力开始出现明显的衰弱之前，都是一个持续不停增加的总量。精神力的衰弱出现以后，一切都开始衰减了，人就是由一种绝对无法改变的成分，加上另一种向着两个相反的方向定期性发生变化的成分所构成。这解释了何以在不同的人生阶段一个人会有不同的表现和意义。

人们还可以在更广泛的意义上说：人生前40年提供了正文，而随后30年则提供了对这正文的注释。后者帮助我们正确理解正文的真正含义及其个中相互的关联，并揭示出它包含的道德教训和其他多种微妙之处。

生命即将完结的时候，就好像一场假面舞会结束了，我们都摘下了面具。到了这个时候，我们才看清楚我们在一生中所接触过的、与之交往的都是些什么样的人。到了这时候，我们的性格暴露无遗，我们从事的事业也结出了果实。我们的成就获得了应有的评价，所有幻象也都不复存在了。但要走到这一步，时间是必须存在的因素。最奇怪的事情就是只有当生命临近完结之时，我们才真正认清和明白了我们自己、我们真正的目标和方向，尤其是我们与这个世界和他人的关系。我们接受了我们的位置，通常这个位置比我们原先设想应占的位置要低。但有时候，我们却必须给自己一个更高的位置，这是因为原先我们对卑劣、庸俗的世界缺乏足够的认识，并因此把自己的目标定得太高了。顺便说一下，此时人们体会到了自身内在。

我们习惯于把青年期称为整个生命中的幸福阶段，而老年期则被视为悲惨的阶段。如果情欲真的能够使人幸福，那么这一说法完全正确。在青年期，人们受到情欲的百般煎熬，感受的快乐很少，痛苦却很多，到了冷却下来的老年期，情欲放过了人们，他们也就马上得到了宁静，此时的人们很快就有了一种静思默想的气质。因为到了这个时候，人的认识力摆脱了束缚，占据了主导地位。认知本身是感觉不到痛苦的，因此，认知在我们的意识里越占据主导的地位，那我们就越感觉到幸福，我们只要想到，所有快感和乐趣都带有否定的性质，而只有痛苦具有肯定的特性。那么，我们就可以认清情欲并不能够把幸福带给我们。到了老年，我们不能因为缺少了许多的快感乐趣而感到有所抱怨。因为每种乐趣的产生都只是一种需求的缓解。因为需求的消失而导致快感的消失，是丝毫不值得抱怨的，这就犹如一个人吃过饭以后不能再多吃，或者睡过一觉以后，我们已经清醒了一样。柏拉图在《理想国》的序言里认为耄耋之年是最幸福的，前提是人们终于摆脱了那不停烦扰人的性欲。我们甚至可以这样说：只要人们仍然受到性欲的影响，或者受到这一魔鬼的操纵，那么，性欲所造成的没完没了、花样繁多的忧郁及产生的情绪冲动，就会让我们时刻处于一种轻微的精神混乱之中。所以只有性欲消失了，人们才会变得理智。确实，除了个别情形以外，大体而言，年轻人都具有某些忧郁、凄婉的特征，而老年人却带着某种喜悦。造成这种情况的根本原因就是青年人受着性欲这一魔鬼的奴役。这个魔鬼吝惜着不肯轻易给他们哪怕是一个小时的自由。几乎所有降临在人们头上的，或者威胁着人们的不幸和灾祸都是由这一魔鬼直接或者间接地带来。但享有喜悦之情的老年人恰似一个甩开了长期锁在身上的镣铐，现在终于得以自由活动的人。但在另一方面，我们也可以这样说：人的性欲衰退以后，生命的真正内核也就消耗得差不多了，剩下的只是一副生命的躯壳。的确，这就像一出喜剧，戏的开场由活人扮演，之后则由穿着这些人的服装的机械人把这喜剧演完。

无论如何，青年期是躁动不安的时期，而老年期则是安宁的时期。由此就可以推断处于这两个时期的人的幸福。小孩子贪婪地向四周伸出了他的双手，想要得到他眼中所见的色彩斑斓、形状各异的一切。他受着眼前景物的诱惑，因为此时他的感觉意识是那样年轻和新鲜。同样的事情以更大能量发生在人的青春期。青年人同样受到这世界的缤纷色彩及其丰富形状的诱惑，他的想象力夸大了这一世界所能给予他的东西。因此，年轻人对那未知和不确定的一切充满了渴望和向往。渴望和向往夺走了他的安宁，而缺少了安宁，幸福却是无从谈起。相比之下，在老年期，一切都已经平息下来了，其中的一个原因就是老年人的血液冷却了许多，他们的感觉不再那么容易被刺激起来，另一个原因就是人生经验使他们认清了事物的本质和一切欢娱的本来面目。这样，他们逐渐摆脱掉幻想、假象和偏见，而这些在老年期到来之前，遮蔽和歪曲了人们对事物的自由和纯净的认识。现在，人们得以更正确、更清晰地认清了事物的客观面目，他们或多或少地看到了所有尘世间事物的渺小和虚无。正是这一点使几乎所有的老者，甚至那些才能相当平庸的老人都带有某种程度的智慧气质。这使他们完全不同于青年人。这些不同带来的首要结果就是他们得到了精神上的安宁，这是构成幸福的一个重要的组成部分，并且，它确实就是幸福的前提条件和本质内涵。所以，正当青年人自以为是地认为只要他找对了门路和方向，世界上到处都有奇妙美好的事物的时候，老年人却坚信《传道书》里所说的一切都是虚幻的故事。他们懂得一道理：一切坚果里面其实都是空的，不管它们如何被镀上了一层金色外壳。

只有到了老年期的后期，人们才能真正达到了贺拉斯所说的境界："在欲望和恐惧面前，不要让自己失去了平静、沉着。"也就是说，人们到了此时才对一切事物的虚无，对这世上的繁荣、喜气后面的空洞、无趣有了直接、真正和坚定的确信。此时，虚幻的画像被消除了。他们不再错误地认为，在这个世界上，除了免受身体和精神之苦后所享受到的幸福以外，在某一王宫或者茅棚还栖身着另一种更特别的幸福。根据世人的价值标准而定的那些伟大或渺小，尊贵或卑微，对于这些老者而言，它们之间其实完全没有多大的区别。这使老年人获得了一种特别的平静心境。怀着这种平静的心境，他们面带微笑地从高处俯瞰这个亦幻亦真的世界。他们不再抱有任何奢望，他们知道尽管人们不遗余力地装饰、美化生活，但透过那些廉价、耀眼的灯饰，人生仍旧呈现了它那贫瘠不堪的面目；无论人们如何为生活着色、打扮，人生从本质上而言，不过就是这样的一种存在：衡量它的真正价值的方法只能是视乎它缺少痛苦的程度，而不是它是否欠缺欢娱，更不是通过生活中的奢华场面。耄耋之年的根本特征就是希望破灭，幻象消失了。而在这之前幻象赋予生活一种魅力，刺激我们展开活动，不断追求。此时人们认清了这世间的富丽堂皇，尤其是表面耀眼和尊荣后面的空虚和无聊。人们体会到，在众人渴望、期盼的事物和苦苦追逐的享受的后面，其实大都隐藏着毫无价值的内容。对于生存的贫瘠、空虚的本质，人们逐渐达成了一致的认识。一个人只有活到70岁以后，才会明白《传道书》的第一首诗的含义。正是这一点使老年人带上了某种郁郁寡欢的样子。

人们都认为，老年人遭受的命运就是疾病和无聊。疾病并不一定伴随着老年人，尤其对于年纪很大的人来说更不是如此，因为“随着年岁的增加，健康或者疾病也在增加”。至于无聊，我在上文已经解释清楚，为何老年人比起青年人更少遭受无聊的侵袭。老年期确实把我们带进孤独的境地，原因是很明显的。但无聊并不一定伴随着这种孤独，无聊只是必然地伴随着那些除了感官享受和社交乐趣以外再无其他乐趣的人。这些人并不曾开发和丰富自己的精神世界。确实，人活到了高龄，精神力就开始衰弱，但如果一个人原先年轻时拥有丰富的精神世界，那么，他总会有绰绰有余的精神力来以抵御无聊。正如上面所说的，通过经验、认识、实践和反思，人们对事物往往会有更加精确的见解。他们的判断力更加敏锐，事物的相互间的连接变得更加清晰，对事情人们有了越发全面的总体概览。我们不断地重新组合我们累积起来的知识，不失时机地扩充自己的知识库，这种在各个方面进行的内在自我修养和陶冶持续不断地占据了我们的精神，给予了我们满足和奖赏。由于这些活动，上文谈论的老人的精神力衰退在一定程度上完全能够获得补偿。另外，正如我强调的，在老年期时间过得更加迅速，这也就消灭了无聊。如果老人并不需要运用身体力量去赚钱生活的话，那么老人身体力量的衰退并不是一件非常令人难以接受的事情。贫穷之于老年的确是一大不幸。如果能够驱除了这种不幸，而我们又能够保持身体健康，那么我们的老年期就算得上是一段相当不错的生活了。生活的舒适度和安定的状态是我们首要的需求，所以，老人们比起年轻的时候更加喜爱金钱，因为金钱是失去了的体力的补偿物。被维纳斯爱神舍弃以后，人们就会转而从酒神巴吉斯那里寻求愉快。观看、旅游、学习的需求没有了，取而代之的需要是发表意见和教诲别人。如果老人保持着探索、研究的乐趣，或者热衷于音乐、戏剧，尤其是对外在事物保留一定的敏感和接受——不少老人直到晚年对上述事物仍然乐此不疲——这不啻是一种幸运。一个人的“自身拥有”在老年期给人所带来的好处是任何时期都无法相比的。当然，大多数人本来就是呆笨的，到了高龄以后，他们就越发变得像机械人了。他们的所想、所说和所做永远都是同一件事情，外在事物的印象无法引起他们丝毫的改变，或者在他们身上引发出某些新的东西。跟这种老者谈话，就像在沙地上写字，给他们留下的印象几乎马上就消失无遗。当然，这种老年人就是生活中的“余烬”。在一些绝无仅有的情况下，老人第三次长出了牙齿，大自然似乎想通过这第三副牙齿象征这些老人开始的第二度童年。随着岁数的增加，我们所有的活力都在消失，这情形确实够悲惨的；但这又是势所必然，甚至是有好处的，因为如果不是这样，老年人就会很难做好准备迎接死亡。因此，如果一个人活至高龄，最终能够无疾而终，那他就是一个极大的受惠者。得尽天年的死亡没有伴随着病痛、抽搐，它甚至不被感觉得到。

不管我们能够生活多长时间，我们都只享有那不可分的现在此刻，除此之外，别无其他。每天，我们记忆的内容由于忘记而有所损失，这超过了由于人们岁数的增加而获得的新的记忆内容。人们年纪越老，人生世事越发显得微不足道，在青年时期看来是固定不变的生活，现在看来不过是短暂现象的昙花一现，转瞬即逝。我们感到了生活的毫无意义。

青年期和老年期的根本区别永远在于前者以生活为前景，而后者的前景却是死亡；另外，青年期拥有短暂的过去和长远的将来，但老年期却刚好与此相反，老年期就类似于一部悲剧的第五幕：人们知道结局已经临近，但却不清楚这结局会是什么。不管怎么样，人老了以后，面对的只是死亡，但在年轻的时候，前面却是生活。尽管如此，我们不妨问一问自己，这两者之中，何者令人心忧？从总体看来，何为更好，生命在前，抑或生命在后？《传道书》已经说过，“死亡之日比诞生之日为好”，因为追求太长的寿命，无论如何都是冒失的，因为一句西班牙谚语就说过：“活得越长，经受的祸害就越多。”

具体的个人的一生并不如占星术所说的那样已经预显示在行星上面，但如果把人生中的各个时期与相应的一系列行星联系起来，那人类的一生也就大概显示在行星的上面了。人的一生也就因此依次受着那些行星的控制。在10岁的时候，人由信使星[1]掌管着。像信使神那样，人们在狭窄的圈子里轻松、快速地转动，被微不足道的小枝节所左右，在机智、伶俐的信使神的指挥下，轻而易举地学习了许多东西。到了20岁，维纳斯星[2]掌管了人生：爱情和女人完全地控制着一个人。在30岁的时候，战神

---

① 即水星。

② 即金星，维纳斯为爱神。

星[1]取得了统治地位，人们这时候变得强壮、大胆、好斗暴怒和倔强。人到40岁，四小行星接过了指挥棒，人生由此变得更加宽广。他变得节俭了，也就是说，为了实用目的而生活——这是谷神星发挥作用的原因；他有了他的安乐窝——这得之于灶神星；由于智慧女神星的作用，他知道了他需要知道的东西，而他家中的女主人——妻子，则作为天后星[2]主宰着家里。在50岁，朱庇特星登上了王位，50岁的人已经比大多数的人多活了些时候，他觉得比他同时代的人拥有更多的优势。他充分享受着自己的力量，富于阅历和知识，他（这视他的个性和情形而定）对于自己周围的人们拥有权威，因此，他不再接受他人的命令。相反，现在是由他发号施令了。现在，他成为自己周围的指导者和统治者是最适合不过的事情。到了50岁的人就像朱庇特天神达到了他的光辉顶点。但随后在人生的60岁，农神星[3]来到了，伴随而至的还有铅一样的笨重、迟缓和坚韧。

> 老人们啊，他们很多人就像已经死亡
> 僵直、缓慢、沉重和灰白，就像铅一样
>
> ——《罗密欧与朱丽叶》第四幕第五景

---

① 即火星。
② 即木星。
③ 即土星。

最后是天王星。这时候，就像人们所说的，人们往往天上去了。我在这里不考虑海王星[①]（人们由于粗心大意而不幸把它错误命名）因为我无法称呼它的真正名字“厄洛斯”。否则，我就会指出生命的终结和开始是以何种方式连接在一起的，也就是说，厄洛斯如何以一种秘密的方式和死亡连接起来——正是由于这一结合的关系，埃及人所说的奥克斯或者阿门特斯（根据普卢塔克所言）也就不仅仅是接受者，而且还是给予者；死亡就是生命的巨大源泉。因此一切源自奥克斯，具有生命的一切东西都经过奥克斯这一阶段。如果我们真的可以明了生命所赖以发生的神奇奥妙，那么，一切事情也就会真相大白了。

① 即性爱之神。

附

叔本华的生平轶事

阿图尔·叔本华，1788年2月22日诞生在但泽（今波兰格但斯克）的一个异常显赫的富商家庭。

自叔本华以上的几代人在但泽一直因经商而家族显赫。彼得大帝及皇后在1716年访问但泽时，就在叔本华的曾祖父安德里亚斯·叔本华家里过夜。据闻，这位叔本华的曾祖父在客人到来之前巡视客房，当发现房间有点寒冷时，老叔本华就吩咐仆人把白兰地酒洒在地上燃烧，以温暖房间和让房间洋溢着美酒的芬芳气味。

叔本华的母亲约翰·特罗西娜·叔本华，在很年轻的时候就嫁给了比她年长得多的巨商叔本华的父亲。根据当时人们的形容，叔本华的父亲“有着肌肉扎实的体形，四方宽阔的脸盘，嘴巴宽大，下巴则明显突出”。当初，这场婚姻是约翰·特罗西娜的亲友极力撮合，也招来“不少人的艳羡”（叔本华母亲语）。但这场婚姻对于约翰·特罗西娜本人似乎并不很幸福。不过，就像叔本华所说的，“幸福的婚姻是稀有的……在缔结婚姻时，要么是我们的个体（如果我们考虑的只是爱情），要么是后代的利益（如果我们只考虑金钱物质利益），这两者之一肯定会受到损害……因为优厚的物质条件和狂热的爱情结合一道是至为罕有的好运”。

叔本华的母亲是一位很有文艺天赋的人。当时的不少德国文化名人，包括创作《格林童话》的格林兄弟、施莱格尔兄弟、歌德都是叔本华母亲举办的沙龙的座上宾。音乐家舒伯特还曾为约翰·特罗西娜·叔本华写的一首诗谱作曲。约翰·特罗西娜·叔本华当时享有一定的美名。甚至在叔本华完成他的巨著《作为意欲和表象的世界》以后的一段不短的时间里，人们提起叔本华时，仍然会不时地说：“这本书的作者就是约翰·特罗西娜·叔本华的儿子”。

叔本华从小就与母亲不亲近，他从母亲那里感觉不到什么母爱。成年后，叔本华不止一次回忆起很小的时候，在与父母散步时，父母远远地走在前面，而他则在后面步履蹒跚“当时我的心中充满着绝望”。等到父亲自杀身亡以后，母亲得到了解脱，然后全副身心地投入在魏玛的社交沙龙之中。叔本华对母亲交际花般的行为就更看不上眼了。而母亲对这位满脸严肃、不时指指点点发出尖锐批评的儿子也不买账。

叔本华很早就显现出无人能及的思想能力。25岁左右就完成哲学名篇《论充足根据律的四重根》，而为他奠定不朽哲学家地位的《作为意欲和表象的世界》也是在29岁前完成。有意思的是，虽然叔本华思想成熟得很早，他在著作中显现出来的博学让人惊叹，但叔本华在19岁以前，除了在外语方面，叔本华还没有仔细、全面地掌握某一门学科。叔本华自小就跟随父母周游列国。在上大学之前，从15岁到17岁，他更专门游历了欧洲国家，在各种不同的语言、文化氛围中实地接受熏陶，而不是像其他的学者那样从一开始就只是接受书本知识。

叔本华在哥廷根念大学的第一、二年里，学习了物理学、矿物学、自然历史、植物学，也旁听生理学、天文学、气象学、人种学、法学的课程。他所留下来的笔记本密密麻麻写满了对听课内容的肯定、否定、质疑、感想。广泛、深入的知识为他以后成为哲学家奠定了不可或缺的基础。当然，他还听从他的哲学指导教师舒尔茨的宝贵意见，认真、仔细、透彻地阅读柏拉图和康德的著作。在大学的这头两年里，叔本华就已经非常清楚自己将来注定要走的路了。他对年长的文学家魏兰（Wieland）说过：

人生真是糟糕透顶的事情，我已决定要花费这一生去琢磨和探究这一糟糕透顶的人生。

1812年秋，叔本华进入柏林大学，听了当时著名的德国哲学教授费希特、施莱尔马赫的讲课，但深感失望。

叔本华掌握了7种语言，拉丁语、希腊语、法语、英语、德语、西班牙语、意大利语。英国学者麦吉在参观完叔本华在法兰克福家中的图书室后，写下了这样的文字：

叔本华习惯在所阅读的书上做笔记，并且经常是写得密密麻麻。他所阅读的书是以何种语言写成，他就以何种语言写下笔记……有时候，由于字写得太过有力，几乎都要透过纸背了。

在魏玛由母亲办的沙龙里，叔本华认识了许多文化名人。他与歌德也真正加深了了解。才二十出头的叔本华与六十多岁的歌德对色彩理论曾作过长时间的讨论。饱经世面的歌德对年轻的叔本华的评价是：

看着吧，这个人（叔本华）会比我们所有人都更出色。

1814年5月，叔本华与母亲彻底决裂，离开魏玛，迁往德累斯顿（1814—1818），他写作了巨著《作为意欲和表象的世界》，并在1819年出版。在叔本华的笔记本里，记载着这一巨著的诞生过程：

这一著作就像小孩子在子宫里一样，逐渐和慢慢地成形。我不知道这在何时开始、何时结束。我看见出现了某一肢体，然后出现了某一血管。也就是说，我只把头脑里的东西写下来，而不会顾及写下的东西在整体上是否连贯，因为我知道这些东西都出自同一个源头。这有机的整体就这样形成了……

叔本华在紧张写作这部不朽著作时，晚上照样跟朋友聊天，上剧院观剧。

在这部字字珠玑、洞烛幽微的巨著问世17年以后，叔本华询问出版商这本书的销售时，出版商告诉他这部书几乎没有卖出多少本。叔本华对此的见解是：

所有真正的、优秀的作品无论在哪个时候、哪个地方都要与总是占据上风的荒唐、拙劣的东西进行没完没了的恶斗。

在这个世界上，卑劣和恶毒普遍占据着统治的地位，而愚蠢的嗓门叫喊得至为响亮。

大众的判断力是反常的，要创作出优秀的著作，并且避免写出低劣的作品，创作者就必须抵制和鄙视大众及其代言人的评判。

1820年1月，叔本华获得了柏林大学讲师的资格，他坚信自己思想的价值，他那高傲、坚韧的性格也导致他在对待真理的问题上，完全不可能有所妥协，虽然一定的灵活技巧会有利于传播自己的思想。在柏林大学开课讲授自己的哲学时，他想利用向学生讲授自己的哲学以扩大自己哲学的影响。但他一意孤行选择了与当时名声极响、吸引着大批学生的黑格尔相同的授课时间。他就是要和这个被他称为“只有哗啦哗啦的词语，但却没有丁点儿思想的江湖骗子”对着干。他就这样失去了不少他当时极为需要的听众。

1833年6月，45岁的叔本华在法兰克福安顿了下来，直到72岁去世为止。从叔本华留下来的一个笔记本里，我们看到了哲学家当时在选择曼海姆抑或法兰克福作为居住地时所做的考虑。在笔记本的封面上，哲学家用英文写下了两个城市各自拥有的、对自己而言的优势。一边是“更好的外文书店”“更好的餐馆”，另一边则是法兰克福有着“更好的戏剧、歌剧、音乐会”和“更多英国人”“牙医的水准更高”“医生也没那么差劲”。最后，或许是法兰克福的“欢快气氛”定夺了此事。

叔本华的生活极有规律。早上7点到8点起床。洗完冷水澡以后喝上一杯咖啡。然后埋头一直写作到中午。这段时间他认为最可宝贵，只用于思考和写作。所以，他禁止任何人（包括用人）在这段时间里说话和露面。

早上毫无例外适合人们从事任何精神上的或者体力上的工作。一切都是明亮、清新和轻松……我们不应该贪床而缩短了早晨的时光，或者以没有价值的工作和闲聊浪费这段时间。

紧张的脑力工作以后，叔本华吹笛自娱半个小时，这一娱乐方式持续了一生。在这之后，叔本华穿上燕尾服，打上洁白的领结，出外午餐。他总是穿着同一样的、年轻时候式样的衣服，到达同一间名为“英国饭店”的餐馆用膳。午膳后，叔本华回到自己的房间进行阅读一直到4点钟。然后，不管天气如何，他都铁定出门快速散步，身边跟着的就是那条后来也随着主人而一齐出名的、被附近居民称为“小叔本华”的卷毛狗。

傍晚6点钟，叔本华会准时到达图书馆。叔本华在图书馆的阅览室阅读英国的《泰晤士日报》。叔本华颇为赞同他父亲的说法：

从《泰晤士报》，你可以知道一切你想要知道的东西。

他一般在晚上9点到10点左右就回家。在床上阅读几页古印度的《吠陀》，因为他认为：

从《吠陀》的一页纸著作，我们所学到的就超过康德以后的整卷整卷的哲学著作。

然后，叔本华就沉沉睡去，一觉到天明。

叔本华所住的屋子陈设极其简单。书房的主要装饰物就是书桌上的一尊镀了厚厚一层金箔的佛像。这尊佛像是叔本华花重金托人从印度购回。然后，叔本华让人为佛像镀上金箔，"黄金要镀厚一点，不要为我省钱"。叔本华吩咐镀金匠。金佛像的旁边则是康德的半身塑像。沙发的上方悬挂着歌德的油画像。另外，还有莎士比亚、笛卡尔的画像，以及自己各个时期的照片、画像，和许多狗的雕刻。图书室里藏书并不多，这与叔本华在著作中的旁征博引有点不大相符。但叔本华早就说过了：

在挑选阅读物的时候，掌握识别什么不应该读的艺术就成了至为重要的事情。

在完成了最后的著作《附录与补遗》以后，叔本华写道：

我将封笔了，剩下的就是静观其变了。

当这本著作在1851年出版以后，叔本华又写下了这样的话：

看到我最后的小孩的诞生，我是多么的高兴。随着这一部著作的完成，我在这一世上的使命也就终于完成了。我的确感到了如释重负，这一重负在这24年来，一直沉重地压在我的双肩。没有人可以想象出这种如释重负的感觉对我来说意味着什么。

叔本华在晚年终于和突然地名声大振以后，叔本华更加相信运气的作用了。他曾说过：

与明智、力量相比，我相信运气是更为重要的。我们的一生可比之于一条船的航程。运气——顺运或者逆运——扮演着风的角色，它可以迅速推进我们的航程，也可以把我们推回老远的距离；对此，我们的努力和奋斗都是徒劳无功的。我们的努力和挣扎只是发挥着桨橹的作用。我们竭尽全力挥舞桨橹数小时，终于向前走了一程。这时，突如其来的一阵强风一下子就能使我们倒退同样的距离。

叔本华成名后，1855年，他的油画肖像在法兰克福博览会上展出，并吸引了大批的人。人们还要他做模特，准备为他做半身塑像。但众多的画像和塑像都无法生动、传神地显现出叔本华的智慧神采。只有一尊由美国女雕塑家纳依小姐制作的叔本华大理石塑像被视为最好的。这尊塑像制作于叔本华71岁的时候，现保存在法兰克福图书馆。在制作的日子里，叔本华和纳依小姐谈话、开玩笑、共进咖啡。叔本华打趣说，在这段日子，他有了结婚和家的感觉。

1860年9月20日，叔本华起床时身体一阵抽搐，随即跌倒在地，并碰伤额头。但除此以外，叔本华感觉没有什么特别的不适。当晚他睡得很好。第二天，叔本华像往常一样地早早起来，用过早餐。他的管家打开窗子透进清新的空气以后，就按照叔本华平时的吩咐走出房间，不再打扰哲学家的工作。过了一会儿，当叔本华的医生进入房间时，叔本华已经与世长辞，身体就靠在房间沙发的一角。无疾而终一直是叔本华所渴求的：

谁要是像我那样孤独地过了一辈子，自然更懂得那种孤身上路是怎么一回事。

一个牧师为叔本华举行了简短的仪式。